もっと試験に出る哲学

「入試問題」で東洋思想に入門する

斎藤

NHK出版新書
622

はじめに

センター試験の「倫理」には、時折、ドキッとするような問題文が登場します。たとえば、二〇一九年のセンター倫理第4問の問題文はこう始まります。

ある日突然、恋に落ちた。まるで運命としか思えないその出来事を、どう考えればいいのか。運命の捉え方次第で、私たちの生き方も大きく変わる。運命についての考え方を、西洋近現代思想のうちにたどってみよう。(二〇一九年センター本試験・第4問)

志望大学の合否がかかった大事な試験の問題文。その出だしが「ある日突然、恋に落ちた」です。一瞬、たじろいだ受験生もいたかもしれません。が、それ以上に「なんとしても問題文を読ませたい」という問題作成者の執念めいたものが、ここからは伝わってきます。

さて、本書はそんなセンター試験「倫理」で出題された問題を導き役として、東洋思想のあらましを解説した本です。二〇一八年に同様のコンセプトで執筆した『試験に出る哲学――「センター試験」で西洋思想に入門する』が、望外にも大勢の読者に恵まれ、このたび東洋思想篇を執筆するはこびとなりました。

前著のまえがきでも述べたことですが、本書は受験生向けの学習参考書ではありません。むしろ、東洋思想や日本思想に興味・関心はあるものの、「最初の一冊」に悩んでいる大学生やビジネス・パーソンにこそ読んでもらいたいと思って書きました。

本書の特徴とも関係することなので、ここですこし、東洋思想の入門書事情についてお話ししておきます。まず、その絶対数は、西洋哲学や西洋思想の入門書に比べると、圧倒的に少ないのが実情です。というより「ほとんどない」といっても過言ではありません。

加えて、数少ない既刊書の中身をのぞいてみると、中国の諸子百家《しょしひゃっか》だけを扱ったり、老《ろう》荘《そう》思想や仏教に特化したりと、どれも著者独自の東洋思想観が強く出た内容になっています。そして日本に関しては、せいぜい空海《くうかい》や道元《どうげん》、親鸞《しんらん》が入る程度で、江戸以降の日本思想はまず入りません。

誤解しないでいただきたいのですが、それらを非難しているのではありません。そもそも、どこからどこまでを東洋思想とするかという共通理解などありませんし、インド思想や中国思想だけでも、満遍《まんべん》なく取りあげようとしたら大著になってしまう。ですから、東洋思想という括《くく》りじたいが土台、無理筋なのかもしれません。

その意味では、本書も決して東洋思想全般を扱うことはできていません。しかし、本書がガイド役としているセンター倫理、すなわち高校倫理の教科書が扱う東洋思想は、古代インド、中国思想、日本思想をバランスよくカバーした構成になっています。

本書もまた、古代インド、中国思想、日本思想を対象とし、センター倫理で出題される重要な思想家やテーマから構成されています。紙数の都合上、取りあげられなかった人物も少なくないものの、時代的にも地域的もこれだけ広範囲にわたる思想家を扱った東洋思想入門書はあまりないと思います。

ここまで読み進めて、「でも、別にセンター試験の問題はいらないんじゃない?」と思う方もいるかもしれません。

ところがどっこい、センター試験を侮《あなど》ってはいけません。冒頭の引用が象徴するように、センター倫理の問題では、宗教学・哲学・倫理学・心理学のプロフェッショナルたちが、精魂込めて問題文と設問をつくっている。ですから個々の設問も、それぞれの思想家の核心を問うものになっているのです。

大学入試事情に通じている方は、センター試験が二〇二〇年一月で終了し、二〇二一年からは「共通テスト」に変わることをご存知だと思います。共通テストでは、知識偏重の傾向が強かったセンター試験の内容を見直し、思考力重視の問題にシフトする方針が打ちだされています。

たしかに、センター倫理の設問も暗記的な知識で答えられるものが少なくありません。しかし同時に、思想家の原典を引用して解釈させる設問、主張が対立している思想家同士の関係を問う設問、抽象的な概念を具体的な事例に適用できる力を問う設問など、単なる暗記だけでは対応できない設問も数多く出題されています。本書では、そういった過去問のなかから、学びの糧《かて》になる良問を精選しました。「共通テスト」でも、こういった質の高い出題形式は踏襲《とうしゅう》されていくことでしょう。

とはいえ、前著同様、本書はセンター試験の問題を単に解説することを目的とした本ではありません。設問はあくまで道標《みちしるべ》であり、個々の思想家については、高校倫理の教科書や学習参考書以上にくわしく解説しています。その点では、倫理を勉強している高校生や受験生の発展的な学習としても大いに役立つはずです。

高校倫理の教科書や参考書は、社会人が哲学や倫理学に入門する教材として非常にすぐれています。ただ、それらに目を通して常々不満に感じるのは、原典からの引用がほとんどないことに加え、重要な主張や概念の出典元が書かれていないことです。これでは、せっかく思想内容に興味を持っても、原典にアクセスすることができません。

本書も紙数の都合上、引用は決して「ふんだん」ではありませんが、取りあげる思想家の代名詞といえるような一節は、できるだけ紹介するように心がけました。また、本書で引用したセンター試験問題のおよそ三割は、原典解釈に関わる設問としました。哲学・思想の学びには、原典を読み、原典を通じて考えることが不可欠だからです。

本書の構成について、簡単にご紹介しておきましょう。

第Ⅰ章では仏教を中心とした古代インドの思想、第Ⅱ章では古代中国の儒家《じゅか》と道家《どうか》に加え、日本にも大きな影響を与えた朱子学《しゅしがく》と陽明学《ようめいがく》、第Ⅲ~Ⅴ章では、それぞれ古代・中世、近世（江戸）、近代の日本思想を解説しています。

インド仏教や中国の儒教、老子《ろうし》・荘子《そうし》の基礎的な内容が頭に入っていないと、日本の思想を理解することはできません。ですから、本書はできれば第Ⅰ章から順に読み進めていくことをおすすめします。

各章の冒頭には、関連年表とあわせて章全体のガイダンスとなる文章を掲載しています。各章は、それぞれ四つの節から構成されています。各節を読むにあたっては、導入となる問題を一読して、できれば当てずっぽうでかまわないので、問題を解いてみてください。そのうえで個々のテーマや思想家のエッセンスを解説した本文を読み、最後にもう一度、問題を解き直してみることをおすすめします。おそらくどの問題も、簡単に解けるはずです。答えあわせのために、節の末尾には簡単な解説と解答をつけています。

巻末には、さらに東洋思想を学びたい人のために、ブックガイドを収録しました。東洋思想は処世訓や人生訓として受容されがちですが、ここでは思想の面白さを味わえる各種入門書を紹介しています。ぜひ巻末ブックガイドを活用して、次なる一冊へとお進みください。その橋渡し役ができてはじめて、本書の役割は果たされたことになります。

＊試験問題を引用する際、趣旨を変えない範囲で改変したものがあるほか、表現と体裁を若干、変更したところがあります。また、試験問題と文献の引用に際して一部ルビを補いました。

もっと試験に出る哲学——「入試問題」で東洋思想に入門する　目次

編集協力　富増章成
　　　　　下嵜好治
　　　　　佐藤哲朗
校閲　大河原晶子
イラスト　平田利之
DTP　角谷　剛

I 輪廻からの解脱を求めて

——古代インドの思想

I章関連年表

年代	主な出来事	主な人物
前1500年ころ〜	アーリヤ人、北西インドのパンジャーブ地方に移住	
前12世紀ころ〜	『ヴェーダ』編纂始まる バラモン教成立	
前1000年ころ〜	アーリヤ人、ガンジス川上・中流域へ移動 ヴァルナ制成立	
前800年ころ〜	ウパニシャッド哲学が展開	ウッダーラカ(前8世紀ころ?) ヤージニャヴァルキャ(前8世紀ころ?)
前6世紀ころ〜	一六王国時代 ジャイナ教成立	ガウタマ・ブッダ(前6世紀〜前5世紀) ヴァルダマーナ(前6世紀〜前5世紀)
前300年ころ〜	古代インド初の統一帝国マウリヤ朝 第3代アショーカ王仏教に帰依	
紀元前後ころ	大乗仏教運動が起こる(〜1世紀後半)	
1世紀半ば〜3世紀	クシャーナ朝、アフガニスタンから西北インドを支配	龍樹(2〜3世紀)
320年〜550年ころ	グプタ朝が北インドを統一支配	唯識派登場 無著(4〜5世紀ころ) 世親(4〜5世紀ころ)
7世紀前半〜半ば	ヴァルダナ朝が北インドを統一支配	

本章では、古代インドの思想として、ウパニシャッド哲学とインド仏教を中心的に取りあげます。

インドでは、およそ前一五〇〇年~前一〇〇〇年ころにかけて、中央アジアから北西インドに進入したアーリヤ人によって、バラモン教という自然神崇拝の信仰体系がかたちづくられていきました。さらに前一〇〇〇年ころ、アーリヤ人はガンジス川の上・中流域へと移動すると同時に、元来の遊牧的な生活から農耕生活へと移行します。その過程で、アーリヤ人と先住民とのあいだの階級化が進み、カースト制度の元となるヴァルナ制が成立しました。その頂点に君臨するのが、司祭者階級であるバラモンです。

やがてガンジス川上・中流域の開発が進み、前六世紀ころに多くの都市国家が成立していきます。世界史では「一六王国時代」と呼ばれるこの時代に、バラモンによる祭式至上主義を批判する新しい思想が続々と誕生しました。

バラモン教内部からは、内面的な思索を重視する**ウパニシャッド哲学**が登場します。ウパニシャッドとは、バラモン教の聖典である『ヴェーダ』に付随する哲学的な文献のこと。そこには、世界とは何か、存在とは何かという哲学的な議論が、神秘的な言葉によって展開されています。その核心を取りだせば、宇宙の根本原理である「**ブラフマン**（梵《ぼん》）」と、自己の本質である「**アートマン**（我《が》）」とは同一であるという「**梵我一如**《ぼんがいちにょ》」の思想に集約されるでしょう。

高度に思弁的な議論を展開したウパニシャッド哲学は、その一方で、修行や瞑想《めいそう》による**輪廻転生**《りんねてんしょう》**からの解脱**《げだつ》という実践的な主題を伴っていました。瞑想によって「梵我一如」を悟ることが、解脱の境地を得ることだったわけです（1‐1参照）。

ガウタマ・シッダールタ（釈迦《しゃか》）から始まった仏教もまた、苦に満ちた輪廻からの解脱をめざす新しい思想の一つでした。

人生の問題に悩んだガウタマは出家《しゅっけ》をして、さまざまな苦行を経たのち、菩提樹《ぼだいじゅ》の下で瞑想に入って悟りを開き、**ブッダ**（＝悟りに目覚めた人）と尊称されるようになりました。

悟りを開いたブッダが多くの弟子たちに伝えたのは、苦の原因を知り、苦を取り除く正しい認識と実践の方法でした。仏教では、ウパニシャッド哲学のブラフマンやアートマンのような究極の実体を認めません。逆に、**自己や事物を固定的な実体と捉えることから欲望や執着が生まれ、それが苦をもたらす元凶**《げんきょう》**になっている**と考えます（1‐2参照）。

ブッダの死後一〇〇年ごろ、出家者からなる教団は、戒律《かいりつ》の解釈をめぐって対立し、厳格な**上座部**《じょうざぶ》と、修正派の**大衆部**《だいしゅぶ》に分裂したと考えられています。以降、分裂を繰り返し、多くの部派《ぶは》が並立しました。この時代の仏教は、一般に**部派仏教**と呼ばれます。

さらに紀元前後から一世紀ごろ、この部派仏教の内部から、新しい仏教運動が起こりました。それが中国、朝鮮半島を経て日本に入ってきた**大乗《だいじょう》仏教**です。

大乗仏教が、タイ、スリランカ、ミャンマーなど、東南アジアに伝えられた上座部仏教と異なる点は、ブッダの悟る前の呼び名である**「菩薩《ぼさつ》」**を神格化したうえで、菩薩道（菩薩としての修行）と結びつけて**利他行の実践を強調した点**にあります（1‐3参照）。

大乗仏教では、次々と創作的な経典が編纂《へんさん》され、思想的にも上座部仏教とは異なる議論が展開されました。その中心となる思想が、二世紀半ばに生まれた**龍樹《りゅうじゅ》**（ナーガールジュナ）が理論化した**「空《くう》」の思想**です。龍樹は、ブッダの説いた**縁起《えんぎ》**（あらゆる事物はさまざまな原因によって生滅《しょうめつ》するという考え）を「空」と結びつけ、大乗仏教の思想的基盤をつくりあげました。

龍樹の学説は中観派《ちゅうがんは》という学派によって継承されていきます。この中観派と双璧《そうへき》をなす学派が、心の哲学を理論化した**唯識派《ゆいしきは》**です。唯識派は、**あらゆる事物を心のはたらきの所産として説明する理論**を提出しました（1‐4参照）。

日本仏教を正しく理解するには、その出発点である古代インドの仏教思想を避けて通ることはできません。仏教は、時代を経て多様なかたちで展開していったのです。

1 - 1

哲人たちは解脱を求めた ウパニシャッド哲学

仏教が興《おこ》ったのは前五世紀ごろのことですが、古代インドでは、仏教誕生以前にも多彩な思想が展開していました。そのなかでも、とくに注目したいのが、次に引用するセンター試験の問題文にある「ウパニシャッド哲学」と呼ばれるものです。

本節では、このウパニシャッド哲学を中心に、仏教以前のインド思想を解説していきます。

問1 **次の文章の□に当てはまるものを、❶～❹のうちから一つ選べ。**

人類の思想の歴史をたどると、「私は何者なのか」という自らへの問いかけが、時代や地域を問わず、いわば普遍的な問いとして絶えず繰り返されてきたことが分かる。古代インドでは、仏教が誕生する以前から、人間の在り方をめぐって深い思索が展開されていた。『ウパニシャッド』の哲人たちは、内なる真実の自己に目覚め、これが宇宙の根本原理と同一であるという□の境地に達することを理想とした。

❶身心脱落　❷梵我一如　❸唯我独尊　❹心斎坐忘《しんさいざぼう》

（二〇〇三年・センター追試験　第1問・問1）

カースト制のはじまり

インド思想の源流は、およそ前一五〇〇年～前一〇〇〇年ころまでさかのぼります。この時代、すでにインダス文明は衰退し、それと交代するかのようにインド・ヨーロッパ語族系の**アーリヤ人**（「高貴な人」の意）が、中央アジアから北西インドのパンジャーブ地方に移住してきました。彼らの移動は複数回にわたり、先住民族を支配しながら、徐々に定住地域を東方に拡大していきます。

彼らアーリヤ人は太陽、火、雷、水といった自然の神々を崇拝し、紀元前一二世紀ころからは、自然神に捧げた讃歌や祭式の言葉などを集めた聖典『**ヴェーダ**』の編纂が始まりました。

「ヴェーダ」とは、サンスクリット語で「知識」を意味します。細かい話になりますが、『ヴェーダ』の最古の文献が、神々への讃歌だけを集めた『リグ・ヴェーダ』であり、前一二世紀ごろに成立したと考えられています。

さらに時代が下って前一〇世紀ごろまでに、『サーマ・ヴェーダ』(歌詠)、『ヤジュル・ヴェーダ』(祭詞)、『アタルヴァ・ヴェーダ』(呪文)が成立しました。

これらヴェーダにもとづくアーリヤ人の宗教体系を「**バラモン教**」と呼びます。バラモン教の祭式儀礼が整備されていくにつれ、アーリヤ人が征服した社会で階級集団ができあがっていきました。長らくインドで続くカースト制の発端となったもので、「**ヴァルナ制**」といいます。「ヴァルナ」とは「色」を意味する言葉で、もともとは、肌の白いアーリヤ人と色の黒い非アーリヤ人を区別する用語でしたが、やがて混血を繰り返すうちに**種姓**《しゅせい》(生まれつき属している階級や家柄)を表す意に転じていきました。

祭式至上主義への批判から『ウパニシャッド』へ

ヴァルナの四姓をまとめておきましょう。

①**バラモン**…司祭者。ヴェーダの祭祀《さいし》や教学を独占した指導者階級
②**クシャトリヤ**…王族・武士の階級
③**ヴァイシャ**…農工商に携わる庶民階級
④**シュードラ**…隷属民の階級

ヴァルナ制とバラモン教は、やがてさまざまな民間信仰と結びつきながら、現代インドの民族宗教であるヒンドゥー教へ発展していくことになります。

祭式至上主義と評されるように、バラモン教では祭祀を司《つかさど》るバラモン階級が絶大な権威を獲得していました。とりわけ前一〇〇〇年以降になると、祭式は自然現象をコントロールできる霊力を持つと考えられ、神々の権威をも上回るようになるのです。

インド哲学の研究者である山下博司さんは、この変化を、牧畜社会から農耕社会への移行と並行していると考え、次のように説明しています。

アーリヤ人が定住性を高め、それにつれて農業の重要性が増してくると、放牧中心のときに比べ、播種《はしゅ》から収穫に至るまで季節に応じた呪術的調整が継続的に求められるようになる。こうして呪力を職掌《しょくしょう》とするバラモンが重用され、その権威がしだいに強くなっていく。(山下博司『古代インドの思想』ちくま新書、一七九頁)

しかし前八〇〇年ごろから、**バラモン教内部で、祭式至上主義への批判が高まり、新しい思想潮流が展開するようになります。**それが冒頭の設問に登場する**ウパニシャッド哲学**と呼ばれるものです。

梵我一如とは何か

ウパニシャッドとは、先述した『ヴェーダ』に付随する哲学的な文献のことで、「奥義《おうぎ》書《しょ》」と訳されます。その文献の数は、比較的新しい時代のものまで含めると、一〇〇以上にのぼります。なかでもインド思想史上、決定的な影響力を持ったウパニシャッド文献は、前八〇〇年から前三〇〇年にかけて成立しました。

「奥義書」という言葉が示すように、ウパニシャッドには、世界の神秘を解き明かすような哲学的対話が数多く記されています。そのなかでとりわけ重要な概念が「**ブラフマン**(梵)」と「**アートマン**(我)」です。

ブラフマンとは**宇宙を成立させている根本原理**であり、アートマンは、**自己の本質**のことをいいます。そしてウパニシャッド哲学の核心は「**梵我一如**」、すなわち**ブラフマンとアートマンとは、本質的に同一であると考える**点にあります。つまり、宇宙の根本原理は、一人ひとりの自己のなかにいきわたっているということです。

といっても、前八〇〇年ころになって、突如として梵我一如の思想が唱えられたわけではありません。それ以前の『ヴェーダ』文献を見ると、人間の呼吸(気息)と自然界の風(息吹)とが対応するという思想が語られています。

人間は呼吸なしには生きることはできません。睡眠中に目や耳は働きませんが、呼吸はしています。そこから古代インドでは、**呼吸こそが生命の根本原理**と考えられました。そして**呼吸は、風すなわち宇宙の息吹と通じている**。こういった発想が、やがてブラフマンとアートマンの合一という思想へと深化していったのです。

ウッダーラカの「有」の哲学

ウパニシャッドの哲人のなかでも、とりわけ有名な二人が**ウッダーラカとヤージニャヴァルキヤ**です（ともに生没年は不詳）。

ウッダーラカによれば、ブラフマン＝アートマンの本質は「有《う》（サット）」であるといいます。したがって、**一人ひとりの人間、具体的な動植物などは、「有」の現れにすぎません。**『チャーンドーギヤ・ウパニシャッド』という文献のなかで、ウッダーラカはこのことを次のように説明しています。

> 愛児よ、あたかも蜜蜂《みつばち》どもが蜜をつくるように——彼らがさまざまな木の液を集め、糖液として一つにするように、（そして）そこでは、それら（諸種の液）は、自分はあの木の液である、自分はあの木の液であると弁別はしないように、まことに、愛児よ、それと同じように、この世のすべての被造物は、有に合一すれば、「われわれは有に合一している」という意識のもとに、（自分は何某《なにがし》である、自分は何某であると）弁別しないのである。
> それら（被造物）は、この世において、あるいは虎《とら》、あるいは獅子《しし》、あるいは狼《おおかみ》、

あるいは猪《いのしし》、あるいは蚯蚓《みみず》、あるいは蛾《が》、あるいは虻《あぶ》、あるいは蚊《か》と、どのようなものとして存在しているにせよ、それ（すなわち有）になるのである。（『チャーンドーギヤ・ウパニシャッド』服部正明訳、『世界の名著1　バラモン教典・原始仏典』中公バックス、一一九頁）

あるいは別の箇所では、水に溶けて見えなくなった塩を「有」の喩《たと》えとして説明しています。万物に遍在する「有」は、水に溶けた塩のように知覚することはできないが、自己の内奥に存在する。ウッダーラカはこのことを「**汝《なんじ》はそれである**」という神秘的な言葉で表現しています。ウッダーラカにとって、**一切の事物は、「有」という唯一の実体が展開したものにほかならない**のです。

「非ず、非ず」——ヤージニャヴァルキャのアートマン論

もうひとりの哲人ヤージニャヴァルキャは、アートマンとは究極の認識主体であり、いかなる対象化をも拒む概念であることを力説します。

たとえば、私たちは自分の目を直接、見ることはできません。アートマンは、あらゆる認識を成立させることを本質とするので、私たちが自らの目を見ることができないのと同じように、**アートマンそれじたいを認識することはできない**というわけです。

『ブリハッド・アーラニヤカ・ウパニシャッド』には、ヤージニャヴァルキャが家を出て、遊行《ゆぎょう》の旅に出ようとする場面での妻との会話が記されています。夫婦の会話は、アートマンとは何かということに発展していきます。妻は、ヤージニャヴァルキャからアートマンについての説明を聞かされますが、混乱するばかりでアートマンが何なのか、よくわからない。困惑している妻に、彼は次のように説明します。

この世のすべてがそれによって認識するその当体を、人は何によって認識することができようか。この「非《あら》ず、非ず」という（標示句によって意味される）アートマンは、不可捉である――それは把捉《はそく》されないから。不壊《ふえ》である――それは破壊されないから。無執着である――それは執着しないから。つながれていないが動揺もせず、毀損《きそん》されもしない。ああ、認識の主体を、何によって認識することができよう。（『ブリハッド・アーラニヤカ・ウパニシャッド』服部正明訳、同前、一〇六頁）

対象化されることのないアートマンは、**「非ず、非ず」という否定的なかたちでしか語ることはできません**。とすれば、人間はアートマンがどういうものか、結局はわからないのではないか。そうです。**常人は、アートマン（＝ブラフマン）の本質をつかまえることはできません**。

ウパニシャッドの哲人たちによれば、梵我一如の境地は、師の教えに導かれて思索を深め、ヨーガや瞑想の修行を通じて直観するべきものだといいます。

輪廻と解脱

ではなぜ、人は梵我一如の境地を求めるのでしょうか。その答えは、古代インド思想の大きな特徴である**輪廻思想**と密接に関係しています。

輪廻とは、車輪が回転し続けるように、あらゆる生きものが生と死を繰り返すことをいいます。死んでもまた、どこかで別のものに生まれ変わる。では、何に生まれ変わるのか。それは、前世にどのようなおこないをしたかという**「業《ごう》（カルマ）」**次第です。

善いおこないをすれば、死後に神として生まれ変わることもありえます。しかし前世のおこないが悪ければ、ウジやハエに生まれ変わってしまうかもしれません。

輪廻と解脱

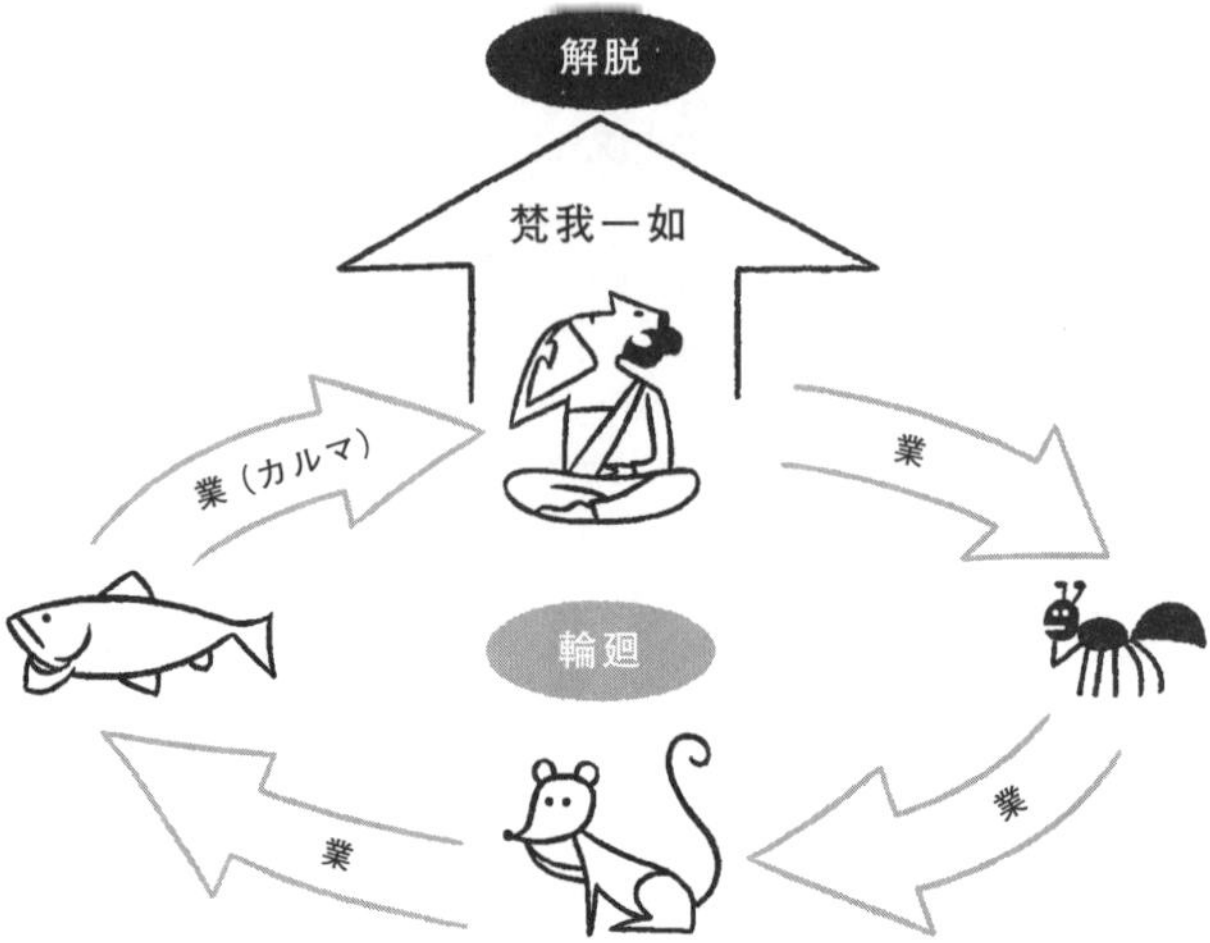

とすれば、できるだけ現世で善いおこないを積み重ねようと考えたくなるでしょう。実際、古代インドの人々も当初は、よりよく生まれ変わることを願っていました。でも、たとえ次に神として生まれ変わっても、その次にどうなるかはわかりません。そこまで考えると、輪廻というループを繰り返すかぎり、永遠の幸福を獲得することはできないことになります。

ここで発想の転換が起こります。目指すべきは、よりよく生まれ変わるのではなく、**輪廻から解き放たれること**、すなわち「**解脱**」となるのです。では、解脱を実現するにはどうすればいいでしょうか。ウパニシャッドの哲人たちの答えは、直観によって梵我一如の境地に達することでした。難解な哲学的思索と感じられるウパニシャッド哲学も、その根底には解脱への希求があることは押さえておいてください。

そして、この輪廻と解脱の思想をウパニシャッド哲学とは別のかたちでつくりあげたのが、次節で見るブッダです。

解答と解説

ここまでの解説を読めば、「内なる真実の自己」と「宇宙の根本原理」との合一を示す言葉は❷「梵我一如」であることは明らかです。前者がアートマン（我）、後者がブラフマン（梵）であることも確認しておきましょう。ちなみに、❶の「身心脱落」は道元の思想、❸の「唯我独尊」は、ガウタマ・ブッダが生まれてすぐに語ったとされる「天上天下《てんげ》唯我独尊」の略。❹の「心斎坐忘」は荘子の説いた思想です。

1-2

「確固たる自分」など存在しない　ブッダの思想

次に引用するセンター試験の問題は、ブッダに始まる仏教の最も基本的な考えかたを問うものです。本節ではこの問題を導きに、ブッダの思想を見ていくことにしましょう。

問2　仏教の開祖ブッダ（ゴータマ）は、人生に不可避の苦として生老病死《しょうろうびょうし》を挙げ、これらを苦とするあり方を離れることの重要さを説いている。この背景にある仏教の考え方の記述として最も適当なものを、次の❶～❹のうちから一つ選べ。

❶苦の原因は、自分が何であるか知らないという点にあるが、自分といわれるものの本質は、この世界のものを存在させる原因や条件の相対的あり方を超越したものであると認識されなければならない。

❷苦の原因は、自分が何であるか知らないという点にあるが、すべて存在するものは原因や条件に依存する相対的なものであり、自分といわれるものも変化する相対的なものであると認識されなければならない。

❸苦の原因は、自分でないものを自分と思うところにあるが、自分といわれるものは、自他の区別を可能にする原因や条件の背後にある根源的なものであると認識されなければならない。

❹苦の原因は、自分でないものを自分と思うところにあるが、我々の本質をなす自分といわれるものは、存在するともしないとも言えない不可知的なものであると認識されなければならない。

（一九九九年・センター本試験　第1問・問3）

自由思想家の登場

前節で解説したウパニシャッド哲学が成立する前八〇〇年から前三〇〇年にかけて、とりわけ前六世紀ころ、古代インドは激動期を迎えます。ガンジス川中・下流域の開発が進み、都市国家がいくつも生まれていきました。主要な都市国家が一六あったことから、この時代を「**一六王国時代**」と呼びます。

戦乱が続くこの時代は、社会が大きく変わる時期でもありました。都市では貨幣が流通し、商工業が発達します。富を持つ王族階級（クシャトリヤ）や商人階級（ヴァイシャ）が力を持ったことで、司祭者（バラモン）の権威も低下していきました。こうした状況を背景に、**祭式偏重の『ヴェーダ』を批判する新しい思想家が次々と登場します**。その意味では、ウパニシャッド哲学もまた、バラモン教内部から生まれた新しい思想だったわけです。

当時の新しい思想家のなかには、現代インドでも四〇〇〜五〇〇万人の信徒がいる**ジャイナ教**の創始者**ヴァルダマーナ**（前六世紀〜前五世紀）も含まれます。ヴァルダマーナは、解脱をめざして徹底した苦行主義と、あらゆる生きものに対する不殺生の戒《いまし》めを説きました。ジャイナ教でも重要なのは、輪廻からの解脱であることは変わりません。

本節の主人公であるブッダも、この時代の自由思想家の一人として登場したのです。

悟りを開くまで

最初に、ブッダの名前について説明しておきましょう。ブッダの本名は、**ガウタマ・シッダールタ**といいます。ブッダはもともと「**目覚めた人**」を意味する普通名詞でしたが、ガウタマはのちに仏教の開祖者としてガウタマ・ブッダと呼ばれるようになりました。釈迦族の生まれであることから、「釈迦牟尼《むに》」（「牟尼」は聖者の意）という呼称もあります。尊称である「釈尊」は、「釈迦牟尼世尊《せそん》」の略称です（「世尊」は福徳ある者の意）。

ガウタマ・シッダールタは、ヒマラヤ山麓《さんろく》のルンビニー（現在のネパール西南部）に生まれました。インドには歴史を残す文化がなかったため、正確な生没年はわかっていませんが、前六世紀～前五世紀の生まれだとされています。前四六三年とする説にしたがえば、古代ギリシャのソクラテス（前四七〇～前三九九）とほぼ同世代にあたります。

王子として生まれた彼は、不自由のない恵まれた生活を送っていました。一六歳で結婚し一男をもうけますが、長らく悩み続けていた人生の問題を解決したいという気持ちを抑えることはできず、二九歳のときに真理を求めて出家し、修行生活に入るのです。

出家後、最初に二人の師のもとで禅定《ぜんじょう》（瞑想）を学び、「無所有処《むしょうしょ》（何も存在しないという境地）」と「非想非非想処《ひそうひひそうしょ》（何も意識せず、意識しないということも意識しない境地）」に達しましたが、心の問題の解決は得られず、今度は苦行に身を投じます。ジャイナ教もそうですが、解脱を求めて断食などの苦行をすることは、当時の出家者や修行者がよくおこなっていたことでした。

しかし、生命の危機におよぶような大変な苦行を重ねても、心の安らぎを得ることはできません。そこで苦行をはなれ、菩提樹の下で瞑想（存在の観察）を続け、ついに真理を悟ってブッダとなったのです。

四諦①――「生きることの本質は苦（ドゥッカ）である」

さて、ここからブッダが説いた思想の中身に入っていきますが、ブッダ自身が自分で書いた著作はありません。ブッダの入滅《にゅうめつ》後（没後）、その高弟たちが各自で暗記した内容を持ち寄り、結集《けつじゅう》という編集会議で確認したものが最初期の仏典です。さらに仏教の経典は、時代を経るにしたがい、さまざまな宗派で作成・編纂され続けたので、膨大な数にのぼります。したがって、キリスト教の『旧約聖書』『新約聖書』、イスラム教の『コーラン』のような、ザ・聖典のようなテキストは存在しないのです。

そこで本節では、初期経典に記され、悟りを得た後にブッダ自身が説いたとされる、最も重要な教えを中心に解説することにします。それが四つの真理を意味する「**四諦**《したい》」です。

悟りを開いたブッダが、最初におこなった説法を「**初転法輪**《しょてんぽうりん》」といいます。「転法輪」とは、法輪（最高の真理）を世界に広める（転じる）こと、すなわちブッダの説法のことをいいます。その最初の説法なので「初転法輪」と呼ぶわけです。

初転法輪でブッダは、「**苦諦**《くたい》」「**集諦**《じったい》」「**滅諦**《めったい》」「**道諦**《どうたい》」という四つの真理を説きました。これを「**四諦**（**四聖諦**《ししょうたい》）」といいます。「諦」は、仏教では「真理」の意。センター試験はどういうわけか「四諦」が好みで、これまでも何度も出題されています。

以下、それぞれについてくわしく見ていきましょう。

「四諦」の一番目、すなわち第一の真理は「苦諦」。「**生きることの本質は苦**（**ドゥッカ**）**である**」という真理です。ドゥッカはサンスクリット語で「空しい、不満、不安定、苦しい」などを意味します。生まれたものは、すぐに老いていき、病気に悩まされ、あっけなく死ぬ。したがって生老病死は、すべて苦です。

それだけではありません。愛する人やものと別れる苦（愛別離苦《あいべつりく》）、欲しいものが手に入らない苦（求不得苦《ぐふとっく》）、嫌いな人やものと出会ってしまう苦（怨憎会苦《おんぞうえく》）といったものもあります。そしてダメ押しとして、私たちが執着している心とからだの働きは、ことごとく苦だと説く。難しい言いかたですが、これを「**五取蘊苦**《ごしゅうんく》（**五蘊盛苦**《ごうんじょうく》）」といいます。「蘊」とは集まりのことで、五蘊とは「色・受・想・行・識」という、人間を構成する五つの要素を指します。色が物質的要素、受（感覚）・想（概念）・行（意志）・識（認識）が精神的要素です。

ちなみに、生老病死という四つの苦しみ、そして「愛別離苦」「求不得苦」「怨憎会苦」「五取蘊苦」の四つをあわせた言葉が**「四苦八苦《しくはっく》」**です。

四諦②③――苦の原因、そして目指すべき境地を説く

私たちはまず、生きることの本質は苦であることを知らなければならない。それに続けてブッダが説く第二の真理は、**苦をもたらす原因についての真理**です。これが**「集諦」**です。苦を集めるものに関する真理なので「集諦」というわけです。

ブッダは、あらゆる苦の原因は「渇愛《かつあい》」であると喝破しました。彼の言葉を見てみましょう。

さて、ところで、比丘《びく》〔引用者注：男性の出家修行者のこと〕たちよ、苦の生起の聖諦はこうである。いわく、迷いの生涯を引き起し、喜びと貪《むさぼ》りを伴い、あれへこれへと絡《から》まりつく渇愛がそれである。すなわち、欲の渇愛・有の渇愛・無有の渇愛がそれである。（『阿含経典2』増谷文雄編訳、ちくま学芸文庫、二八四頁）

「四諦」のプロセス

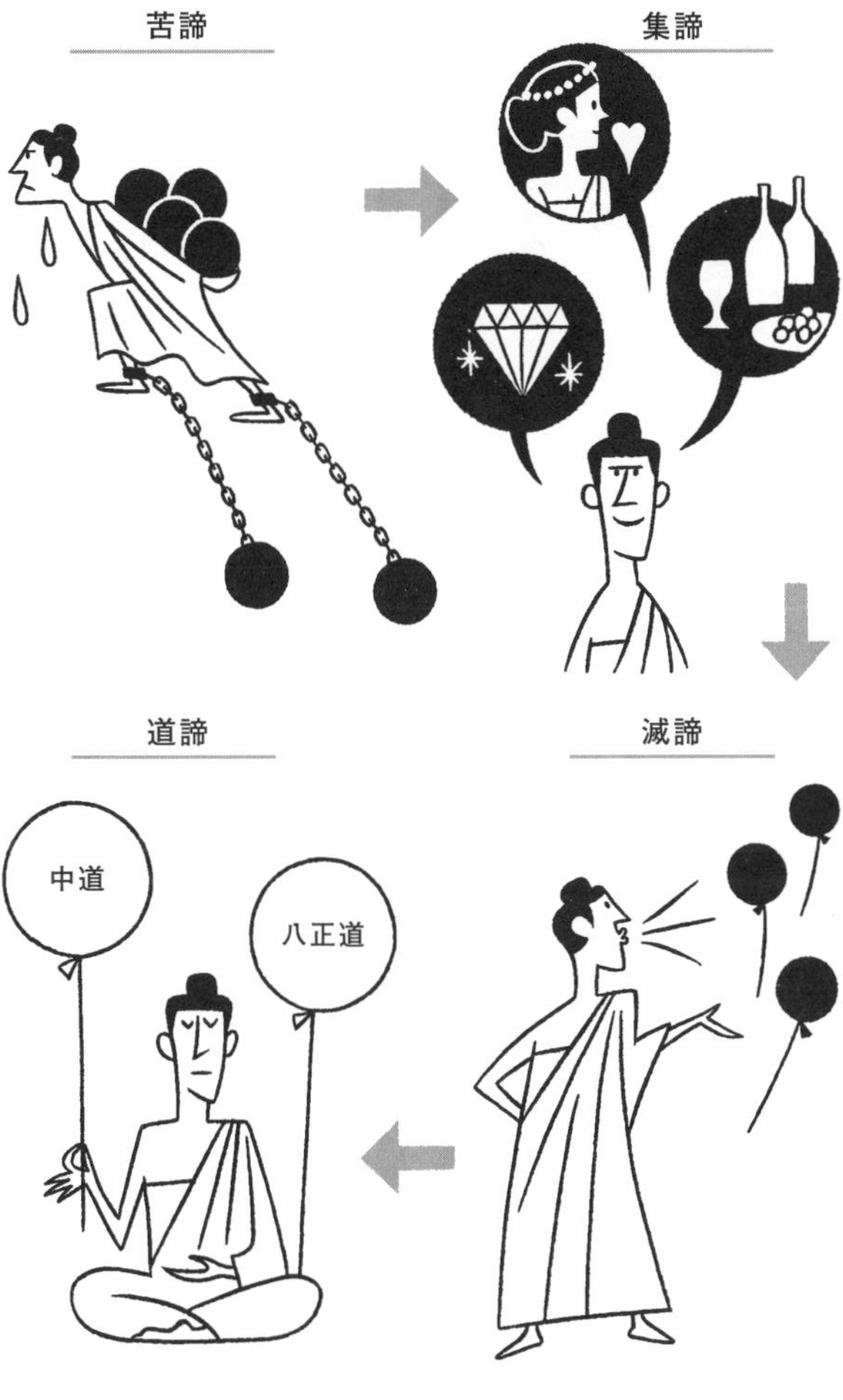

ここでは、五感の刺激（欲）を求める欲望、生存（有）を求める欲望、嫌なものの破壊（無有）を求める欲望など、強烈な欲望が苦しみの原因だと説かれています。

私たちの日常に照らして考えてみましょう。新しいスマホ、何万円もするコース料理、ブランド物のバッグ……、何かを欲しがってしまうと、それを手に入れられないことで苦しみます。また、いつまでも生き続けたいと思えば、老いていくことが苦しくなる。戦争や紛争が起これば、相手を破壊したいと思い、それが叶《かな》わなければ苦しみを感じる。いずれにしても、何かを欲しがってしまう気持ちが苦をもたらすわけです。

苦の原因を示した集諦に続く第三の真理**「滅諦」**では、めざすべき理想が示されます。

さて、ところで、比丘たちよ、苦の滅尽《めつじん》の聖諦はこうである。いわく、その渇愛をあますところなく離れ滅して、捨てさり、振り切り、解脱して、執著なきにいたるのである。（同前）

ブッダによれば、苦の原因である欲望（渇愛）を完全に滅することが、めざすべき解脱の境地です。したがって滅諦とは、**欲望を滅することで解脱に至ることができるという真理**

をいいます。

四諦④——解脱への道を説く

人生は苦であり、苦の原因は欲望である。ゆえに欲望を滅して解脱に至ることをめざさねばならない——これが第一の真理から第三の真理までのプロセスです。それを受けて第四の真理では、解脱に至る修行法である「**道諦**」が示されます。

では、どういう修行をすればいいのか。それを説いたものが「**中道**《ちゅうどう》」と「**八正道**《はっしょうどう》」と呼ばれるものです。

中道とは、**極端を避け、快楽と苦行という両端を離れた「中」を進むこと**をいいます。ガウタマが苦行に身を投じても悟りを開けなかったことはすでに説明しました。もちろん欲望に任せて快楽に身を浸す生活をしていては、解脱できるわけがありません。

この中道を具体的に実践する方法が八正道。すなわち、①**正見**《しょうけん》（四諦を理解した正しい見かたを持つ）、②**正思**《しょうし》（正しい心構えで思考する）、③**正語**《しょうご》（正しい言葉づかいをする）、④**正業**《しょうごう》（正しい生きかたをする）、⑤**正命**《しょうみょう》（正しい仕事をする）、⑥**正精進**《しょうしょうじん》（正しい努力をする）、⑦**正念**《しょうねん》（正しく自己のありかたを観察して気づく）、⑧**正定**《しょうじょう》（正しい瞑想をして精神統一する）という八つを実践することです。

初期経典によれば、四諦、中道、八正道という教えを聞き、実践した最初の五人の弟子たちは、その後、みな悟りを開いたといいます。だからこそ仏教のなかでも非常に重要な教えとされているわけです。

縁起説とは何か

初転法輪の後も、八〇歳で亡くなるまで、ブッダはさまざまな人々に教えを説きました。そのなかでもとくに重要な教えが「**縁起説**」です。

縁起とは、**どんな存在もなんらかの原因から生じ、その原因が無くなれば滅する**、という教えのことです。ブッダはこの縁起を「**苦の生起《しょうき》と滅尽《めつじん》**」というテーマに当てはめて巧みに説法しました。そしてこの縁起説にもとづいて、あらゆる現象を、**無常**（諸行無常《しょぎょうむじょう》）・**苦**（一切皆苦《いっさいかいく》）・**無我**（諸法無我《しょほうむが》）という三つの側面（三相《さんそう》）から説明しました。順番に解説しましょう。

あらゆる現象は原因によって起こります。その原因も確固たるものではなく、また別の原因によって引き起こされた現象です。したがって、存在は変化し続けるめまぐるしい流れであり、一瞬たりとも安定しません（諸行無常）。

にもかかわらず、私たちは安定を期待してしまう。その期待は、現実が無常であることによって必ず裏切られるため、絶え間ない不満や不安に襲われます（一切皆苦）。

諸行無常を別の角度から見れば、自分も含めてあらゆる現象には、固定的な同一性（我）がないことになります。ウパニシャッド哲学のアートマンのような永遠不変の実体は見いだせません（諸法無我）。

ここに示されているように、常に移り変わる世界のありかたから目を逸《そ》らし、「確固たる自分（我）」を妄想し続けることで、自分や自分の所有物（と思い込んだもの）に対する強固な執着（我執《がしゅう》）が生まれます。そこから欲望や怒りなどの煩悩《ぼんのう》が燃え広がり、人生は耐えがたい苦に覆われてしまうのです。

したがって、苦を滅する（輪廻を解脱する）ためには、自分も含めて事物はすべて原因（因）や条件（縁）に依存した流動する現象に過ぎず、不満・不安と一体であり、永遠不滅の実体はないと知悉《ちしつ》すべき、ということになります。この縁起の真理を知悉せず、無常・苦・無我である存在を常・楽・我と思い込むことを、仏教では「無明《むみょう》」といいます。

なお、上記の三相に加え、のちに、煩悩の炎が吹き消された安らかな解脱の境地である

「**涅槃寂静**《ねはんじゃくじょう》」をまじえて、「**四法印**《しほういん》」と呼ばれるようになりました（法印とは仏教を特徴づける根本的な教説のことです）。

なぜ、ブッダの教えは人々を魅了したのか

最後に「**慈悲**《じひ》」という教えについて説明しておきましょう。慈悲とは、ブッダが推奨する「慈悲喜捨《きしゃ》」を略した言葉です。「慈」は友情の心、「悲」は苦しんでいる他者を助けようとする心です。「喜」は他者の成功を喜ぶ心、「捨」は他者を差別したり裁いたりせず平等に接する心です。

縁起説を敷衍《ふえん》すれば、どんな生きものも孤立した「個」ではありえず、他者とのネットワークのなかでのみ生きられる存在です。そのネットワークに調和をもたらすために不可欠なものが慈悲であると、ブッダは説いたのです。

ここでいう他者とは、人間にかぎりません。輪廻説を前提にすれば、どんな生きものもかつては父母兄弟親子であり、仲間として心配すべき存在です。したがって、**生きとし生けるものすべて**（**一切衆生**《いっさいしゅじょう》）**に対して、わけへだてなく無制限に慈悲を育てよ**とブッダは教えます。それもまた、自我の妄想を破るための実践なのです。

身分や生まれなどはかりそめのものにすぎない。これは、バラモン教のカースト制を否定する教えでもありました。社会変動の激しかった当時のインドで、多くの人に受け入れられたゆえんでもあるのでしょう。

解答と解説

選択肢はいずれも「苦の原因」を説明するものとなっています。順番に検討していきましょう。❶❸はそれぞれ「自分といわれるものの本質は、この世界のものを存在させる原因や条件の相対的あり方を超越したものである」「自分といわれるものは、自他の区別を可能にする原因や条件の背後にある根源的なものである」が誤り。「諸法無我」という言葉が示すように、仏教では、自分という不変の本質は存在しないと考えます。❹は「我々の本質をなす自分といわれるものは、存在するともしないとも言えない不可知的なものである」が誤り。自分という本質はないのですから、そもそも「不可知的なもの」とも「可知なもの」とも言うことはできません。❷は、解説でも述べた縁起説の説明になっています。したがって正解は❷。

1-3

菩薩となって悟りを開きたい！

大乗仏教の展開

本節では、ブッダ入滅後の仏教教団の展開を概観したのち、大乗仏教の特徴を解説します。引用したセンター試験は、経典の読解を通じて、大乗仏教のキーポイントである「菩薩」についての理解を問う問題です。ただし、引用した経典を正確に読み解くためには、大乗仏教の思想的な側面にも注意する必要があります。

問3 次の文章は、大乗仏教における「菩薩」の行うべき実践についてブッダが説いたとされているものである。ここで述べられていることについて、大乗仏教の思想を踏まえて説明した文章として最も適当なものを、❶〜❹のうちから一つ選べ。

菩薩の道を志したものは、ここでつぎのような考えを起こさなければならない。

……「彼ら（衆生）すべてを、私は、涅槃の世界に引きいれなければならない。しかもなお、たとえそのように無数の衆生を涅槃に導いたとしても、実はいかなる衆生も涅槃にはいったのではない」と。

それはなぜかというと、もしも菩薩に衆生という観念が生ずるならば、彼を菩薩と呼ぶべきではないからである。それはまたなぜか。もし彼（菩薩）に自我という観念が生ずるなら、あるいは衆生という観念、命あるものという観念、個我という観念が生ずるなら、彼を菩薩と呼ぶべきではないからである。（『金剛般若経《こんごうはんにゃきょう》』より）

❶菩薩はまだ仏ではないため、衆生の固定的実体をすべては把握できない。それゆえ、菩薩は、衆生を導く働きを放棄し、自分の悟りの完成を目指して努力すべきである。

❷すべての衆生は、いかなる固定的実体ももってはいない。そのことを理解したうえで、菩薩は、導く自分にも導かれる衆生にも執着することなく、衆生を涅槃へと導くべきである。

❸菩薩はまだ仏ではないため、衆生の固定的実体をすべては把握できない。それゆえ、菩薩は、まずは自分にとって身近な衆生から徐々に涅槃へと導くよう努力すべきである。

❹すべての衆生は、いかなる固定的実体ももってはいない。そのことを理解したうえで、菩薩は、まずは自分が悟りを開き仏となり、その後、衆生を涅槃へと導くべきである。

（二〇一四年・センター本試験　第2問・問8）

ブッダ入滅から大乗仏教の成立まで

最初に、**大乗仏教**が成立するまでの経緯を見ておきましょう。

悟りを開いたブッダは、八〇歳で入滅するまで、北インドを遍歴しながら多くの人に教えを説きました。ブッダの教えを実践する人々は、出家修行者と在家《ざいけ》信者とに分かれ、出家者の集団のことを「**サンガ**（教団）」といいます。

ブッダが入滅しておよそ一〇〇年後、教団は戒律の解釈をめぐってさまざまに分裂していきます。まず、厳格な戒律を旨とする**上座部**と、戒律の修正を許容する**大衆部**《だいしゅぶ》に分かれました。そこから紀元前一〇〇年ころまでにかけて多くの分派が生じました。この時代の仏教を「**部派仏教**」といいます。

本書ではくわしくは扱えませんが、現存する上座部系の仏教は**南伝《なんでん》仏教**とも呼ばれます。スリランカを中心的な拠点として、タイやミャンマーといった東南アジアに伝わっていったからです。

さあ、では大乗仏教とは何なのか。その成立の詳細はいまだに不明な点も多いのですが、一般的には、紀元前後ころ、**部派仏教のなかから起こった新しい仏教運動**が大乗仏教の発火点になったと考えられています。

「大乗」という言葉の由来は、この運動の担い手が、自分たちを**大きな乗り物**という意の「大乗」と名乗り、従来の部派仏教とくに上座部仏教を「**小乗《しょうじょう》**（**劣った乗り物**）」と呼んで批判したことにあります。誤解してはいけないのは、「小乗」は大乗仏教側からの一方的な蔑称であり、現代まで残る上座部仏教側の自称ではないことです。

大乗仏教は、中央アジアを経て、中国・朝鮮・日本に根づいたことから、**北伝《ほくでん》仏教**とも呼ばれます。

大乗仏教が興隆した背景

大乗仏教が興隆した背景について、仏教学者の石井公成さんは次のように説明しています。

釈尊の弟子もブッダになりうることを認めていた最初期の仏教と違い、部派仏教は釈尊だけを独自の智慧《ちえ》に基づいて教化《きょうけ》するブッダとみなし、自分たちは煩悩を断ち切って輪廻から脱する「アルハット（阿羅漢《あらかん》）」となることを修行の目標とした。在家信者については、僧侶や仏塔などを供養して生天《しょうてん》〔引用者注：天に生まれ変わること〕を願うことが求められた。しかし紀元前後頃になると、こうした状況に満足できず、仏に会って教えを聞くことを熱望し、さらには菩薩として修行を重ね、自らが仏になること（成仏《じょうぶつ》）を願う在家の男女の求道者が登場する経典群が、インド各地で生まれた。

（石井公成『東アジア仏教史』岩波新書、三二頁）

引用にある「**阿羅漢**」とは、初期仏教では悟りの頂点に達した聖者のことです。ガウタマ・ブッダが生きていた時代、阿羅漢はブッダの称号の一つでもありました。しかし、ガウタマ・ブッダの入滅後に初期経典が整備されていく過程で、仏教の開祖たるガウタマ・ブッダのみをブッダと呼び、その指導によって解脱に達した弟子たちは、区別して阿羅漢と呼ばれるようになったのです。

初期の経典には、悟りを得た在家信徒が未熟な出家者を指導したり、在家聖者が阿羅漢から讃嘆されたりする逸話も残されています。しかし在家の修行には限界があり、阿羅漢は出家者のみが達成できる境地とされました。さらに部派仏教の時代、在家信徒には大規模化した僧院への寄進が期待されており、その見返りに快楽に満ちた天界への転生が説かれました。

こうした状況下で、在家信者が出家者と伍《ご》して世俗のなかで修行に励み、やがてブッダになることを願う経典が次々と創作され、大乗仏教へと発展したと考えられています。

菩薩とは何か

大乗仏教が、それまでの仏教と大きく異なるのは「**菩薩**」の捉えかたです。

菩薩とは、元来「**悟る前の釈尊**」を意味するものでした。ところがブッダの死後、ブッダの前世《ぜんせ》が物語化されていきます。すなわち、ブッダは気の遠くなるような時間をかけて何度も輪廻を繰り返し、過去の仏を師として、多くの衆生（生きとし生けるものすべて）を救済しながら修行に励んでいたというような物語が生まれたのです。

たとえば、ブッダの前世を記録した『ジャータカ（物語）』には、かつてブッダがウサギだったとき、飢えた乞食（じつは仙人が変身した姿）に、自分の身を犠牲にしてさしだしたというエピソードが記されています。

こうした前世譚《たん》によって、菩薩の意味も**「利他行に励んで衆生の救済につとめる修行者」**と変容していきます。前世までさかのぼる菩薩時代のブッダは、他人のために尽くす利他行を積み重ねてようやく悟りを開いた。ここから大乗仏教では、単に歴史的に実在したブッダの教えにしたがって修行を重ねて阿羅漢をめざすよりも、**菩薩として利他行に励み、ガウタマ・ブッダと同じようにブッダそのものになることが理想視される**ようになったわけです。

こうして大乗仏教では、**ブッダだけでなくさまざまな菩薩も信仰の対象となっていきました。**たとえば日本で親しまれている「観音様《かんのんさま》」は、衆生の救いの求めに応じてさまざまに姿を変える観音菩薩のことです。あるいは弥勒《みろく》菩薩は、ブッダ入滅の五六億七〇〇〇万

大乗仏教における菩薩

大乗仏教では利他行に励んで衆生の救済につとめる菩薩が重視された

年後に成仏して、衆生を救うとされています。

逆に、部派仏教の伝統を継承する上座部仏教では、実在したガウタマ・ブッダだけが信仰の対象であり、菩薩は信仰しません。

ただし、ここでも誤解がないように言っておくと、大乗仏教が利他行や衆生救済を重んじるというのは、あくまで大乗仏教側の教義であることです。上座部仏教に菩薩信仰がないからといって、利他的な救済の実践がないわけではなく、大乗仏教のようには、自分のための修行と利他行とを明確に区別していないだけのことです。

六つの修行徳目

この新興の大乗仏教運動では、般若経、法《ほ》

華経《けきょう》、華厳経《けごんきょう》、維摩経《ゆいまきょう》など、初期の大乗経典が次々と編纂され、それらが中央アジアや中国、朝鮮半島を経由し、翻訳されて日本に入ってくることになります。

大乗経典の特徴として、**歴史的に実在したガウタマ・ブッダの存在感は相対的に弱まり、さまざまなかたちでブッダが神格化される**点が挙げられます。

たとえば法華経では、現実のガウタマ・ブッダは、永遠の生命を持つブッダが、この世で教えを説くために仮に現れた姿だとされます。華厳経でも、ガウタマ・ブッダが悟りを開いた場面の後に、教主である毘盧遮那仏《びるしゃなぶつ》が登場します。そして現実のガウタマ・ブッダも含めて、全世界はこの毘盧遮那仏の現れであるという壮大な宇宙論が展開されていくのです。

また、大乗経典が編纂されていく過程で、菩薩道の修行徳目として**「六波羅蜜《ろくはらみつ》」**の教えが説かれるようになりました。「波羅蜜」とは菩薩の修行項目のことです。具体的には、①**布施**《ふせ》（教えや施《ほどこ》しを与えること）、②**持戒**《じかい》（戒めを守ること）、③**忍辱**《にんにく》（苦難に耐えること）、④**精**《しょう》**進**《じん》（修行に励むこと）、⑤**禅定**《ぜんじょう》（瞑想し精神を集中すること）、⑥**智慧**《ちえ》（真実をきわめること）という六つの修行項目をいいます。

ここにも「布施」や「忍辱」のような、利他的な項目が含まれている点が重要です。六波羅蜜は、釈尊が過去世の菩薩時代におこなった修行が元になっています。つまり大乗仏教では、悟りを開いたガウタマ・ブッダの教えと同等に、前世におこなった菩薩としての修行が重視されているのです。

「空」の思想

思想的に大乗仏教を見た場合、**「空《くう》」の思想**を強調した点が重要です。「空」とは、簡単にいえば、**あらゆる事物は固定的な実体を持たない**ということです。これはブッダの教えである諸行無常や諸法無我を考えれば、当然の帰結でしょう。事物は刻一刻と変化しているのですから、そこに不変の実体があると考えることはできません。また、最古層の仏教経典にも「つねによく気をつけ、自我に固執する見解をうち破って、世界を空《くう》なりと観ぜよ」（中村元訳『ブッダのことば――スッタニパータ』岩波文庫、二三六頁）というブッダの言葉が記録されています。

しかし部派仏教の有力な学派では、物質や意識などを分解していくと、それじたいで存在しているものがあると考えました。**他から影響を受けず、それじたいで存在する性質**を仏教では「**自性《じしょう》**」といいます。

大乗仏教の「空」の思想は、こうした部派仏教が説く実体論を否定するものでした。たとえば大乗仏教の古い経典である『金剛般若経』には、「空」という言葉を用いずに、「空」の思想を説くくだりが数多くあります。その一節を引用しましょう。

師は問われた――「スブーティよ、どう思うか。《尊敬さるべき人》が、〈わたしは、尊敬さるべき人になった〉というような考えをおこすだろうか。」
スブーティは答えた「師よ、そういうことはありません。尊敬さるべき人が、〈わたしは、尊敬さるべき人になった〉というような考えをおこすはずがありません。それはなぜかというと、師よ、実に、尊敬さるべき人といわれるようなものはなにもないからです。（後略）」（『般若心経・金剛般若経』中村元・紀野一義訳、岩波文庫、六五頁）

尊敬されるべき人は、「尊敬されるべき人」が実体でないことをわかっている。だから「自分は尊敬されるべき人間だ」などとは考えないわけです。

日本でなじみが深い『般若心経』の有名な一節**「色即是空《しきそくぜくう》、空即是色《くうそくぜしき》」**（およそ物質的現象というものは、すべて、実体がないことである。およそ実体がないということは、物質的現象なのである）もまた、「空」の思想を説いたものです。

とはいえ、初期の大乗経典では「空」の思想は、直感的に提出されているにすぎませんでした。それを理論的に深めた人物が、次節で見る龍樹（ナーガールジュナ）と、唯識派の無著《むじゃく》（アサンガ）、世親《せしん》（ヴァスバンドゥ）です。

解答と解説

読解のポイントは二点あります。一つは、菩薩の道は「すべての衆生を涅槃の世界に引き入れなければならない」ということ。つまり、利他行の実践です。こちらは簡単に読み取れます。もう一つは、ここで「空」の思想が使われていることです。菩薩や衆生といった実体はない。そのことが「実はいかなる衆生も涅槃にはいったのではない」以下で述べられています。

❶❹はそれぞれ「衆生を導く働きを放棄し、自分の悟りの完成を目指して努力すべき」「菩薩は、まずは自分が悟りを開き」が誤り。これは利他行に反します。❸は「衆生の固定的実体をすべては把握できない」が誤り。衆生の固定的実体というものはないのです。よって正解は❷です。

1-4

「空」を哲学する 龍樹と唯識派の思想

本節では、大乗仏教に特徴的な「空」の思想を理論化した龍樹（竜樹）と唯識派の思想を読み解きます。まず、センター試験の問題を見てみましょう。龍樹の思想の本質を考えさせる良問です。

問4 **次の文章は、智慧の内容をめぐる、竜樹（ナーガールジュナ）とその批判者との対話の一部である。ここから読み取れる竜樹の考えとして最も適当なものを、❶〜❹のうちから一つ選べ。**

批判者：空であることばを用いて、ものの本体が否定されることはない。ものは、存在しない火によって焼かれない。同じように、存在しないことばによって、もの本体を否定することはできない。
竜樹：君はものが空であることの意味を理解していない。……空であるとは、他に縁《よ》って存在しているということである。なぜそう言えるのか。本体がないからである。実に、他に縁って生じているものは、本体をもって存在しているのではない。それ自身で存在していないからである。……車や壺《つぼ》や布などは、他に縁って生じているため本体をもたないけれども、木や草や土を運ぶといったはたらきをする。同じように、私のこのことばも、他に縁って生じているため本体をもたないけれども、ものに本体がないことを証明するはたらきをするのだ。（『論争の超越』より）

❶ものが存在していないことと、ものが空であることとは、同一ではない。ものが存在していないとは、ものはもっぱら他に縁って生じるということであり、他に縁って生じたものにも、何かを行うはたらきはある。
❷ものがそれ自身で存在していないことと、ものが存在していないことは、同一ではない。ものがそれ自身で存在していないとは、ものに本体があるということであり、

本体があるものにも、何かを行うはたらきはある。

❸ものが存在していないことと、ものがもっぱら他に縁って生じることは、同一ではない。ものが存在していないとは、ものに本体がないということであり、本体がないものにも、何かを行うはたらきはある。

❹ものに本体がないことと、ものが存在していないことは、同一ではない。ものに本体がないとは、ものがそれ自身で存在していないということであり、それ自身で存在していないものにも、何かを行うはたらきはある。

（二〇一六年・センター追試験　第2問・問7）

火と薪の関係とは？

伝記によれば、**龍樹**（ナーガールジュナ、二～三世紀）は、南インドの富裕なバラモンの家に生まれたといいます。たいへんな神童だったようで、青年時代にはあらかたの学問を学び尽くしてしまった。そこから情欲に走ります。あるとき、仙人の隠れ身の術を使って友だちと王宮に忍び込み、宮女としたい放題に戯《たわむ》れていたところを発見され、命からがら逃げ帰った。それを転機として仏門に目覚めたと伝えられています。

仏門に入ってからも、天才ぶりを示すさまざまなエピソードがありますが、そろそろ本題に入りましょう。前節で見たように、すでに初期の大乗経典でも「空」の思想は説かれていましたが、龍樹はさらにそれを理論的体系へと深化させました。

では、「空」を理論化するとはどういうことでしょうか。龍樹の思想の特徴は、ガウタマ・ブッダの説いた縁起説を徹底させたところに「空」の思想を位置づけた点にあります。ガウタマ・ブッダが説いた縁起説は、どんな事物もなんらかの原因や条件から起こるというものでした。龍樹はそれを理論的に深く掘り下げ、「空」と結びつけたのです。

たとえば、龍樹は次のような例を出しています。

火は薪《たきぎ》に依存してあるのではない。火は薪に依存しないであるのではない。薪は火に依存してあるのではない。薪は火に依存しないであるのではない。（中村元『龍樹』講談社学術文庫、三四七頁）

非常に謎めいた一節ですが、じっくり考えてみましょう。ここでは、火と薪がどちらか一方に依存しているのでもないし、依存していないのでもないことが述べられています。

火は薪に依存してあるのではない
火は薪に依存しないであるのではない
薪は火に依存してあるのではない
薪は火に依存しないであるのではない

なぜでしょうか。もしもどちらかに依存しているのであれば、両者は一体であり、薪なり火なりが実体（本体）ということになってしまいます。

かといって、薪と火がそれぞれ依存しないで存在するのであれば、薪と火はそれぞれ異なる実体（本体）となり、薪がなくても火はあり続けるし、火とは無関係に薪というものが存在することになってしまいます。

ここから言えることは、**火も薪もあらかじめ実体として存在しているわけではない**、ということです。

龍樹のいう縁起は、事物の実体性を徹底的に解体します。だからこそ「縁起」＝「空」となる。薪と火は、燃えるという現象があってはじめて、縁起の関係として生起する。だからそれぞれ独立した実体として存在するわけではないし、あらかじめ依存関係があるわけではないのです。

「空」も実体視してはいけない

このように縁起説を徹底させれば、あらゆる事物が自性（実体性）を持たない、すなわち「空」であることはわかります。事物に実体性がないことを「自性」に対して**「無自性《むじしょう》」**といいます。

では、なぜ龍樹は事物が「無自性」であることを強調したのでしょうか。

じつは龍樹には、明確な論敵がいました。それが前節で見た、部派仏教の有力な学派たちです。たとえば彼らは、個々の事物は移り変わっていくものの、色（物質）・受（感覚）・想（概念）・行（意志）・識（認識）という人間を構成する五蘊は、自性がある、つまり実体的であると考えました。

私は、瞬間ごとに移り変わっていきます。しかし、私が物質からできているというありかた、感覚を受け取るというありかた、あるいは何かを考えるというありかたは、実体的だと考える。つまり、色、受、想、行、識という概念は実体的だとするのです。

何かを実体視するのは、諸行無常を説いたブッダの教えに反するのではないか、と疑問に思うかもしれません。しかし極論をいえば、諸行無常という概念まで、移りゆくものだと考えると、そもそもブッダの教えの根幹が揺らいでしまいます。そこで先の学派は、移りゆくものの土台となる実体的なものを認めたわけです。

翻《ひるがえ》って龍樹は、こうした概念を実体視する見かたさえも退けます。ひとたび「自性」というものを認めたら、永遠に変わらない存在を認めることになるため、ブッダの説く縁起が成り立たなくなるからです。龍樹は次のように述べています。

〈それ自体〉と〈他のものであること〉と、また有と無とを見る人々は、ブッダの教えにおける真理を見ない。（同前、三五五頁）

自性（それ自体）を認めれば、他性（他のものであること）、有（存在）、無（非存在）を実体的に捉えるようになってしまう。龍樹が縁起説を用いて説く「空」は、そういった実体区分を解体するものです。つまり、**「空」の境地とは、あらゆる事物に対して、「ある／ない」という実体的な判断を退けるもの**なのです。

有にも無にもよりかからない「中」を観《み》る。彼を始祖とする学派を**中観派**《ちゅうがんは》と呼ぶゆえんです。

ただし、この世界が「空」であることを前提としたうえであれば、かりそめの移りゆく事物の関係を表現することはできます。スマホは実体としては存在しないけれども、メッセージを送り、調べものを助けるというはたらきはしている。かんじんなことは、**縁起＝「空」の水準で起きている行為や出来事を、実体と取り違えないこと**です。

なぜ私たちはモノに執着してしまうのか

では、一切は「空」であるにもかかわらず、なぜ私たちは事物を実体として捉えてしまうのでしょうか。これを心の哲学として理論的に説明したのが、**無著**《むじゃく》（アサンガ）とその弟**世親**（ヴァスバンドゥ）（四～五世紀ころ）を代表とする**唯識派**と呼ばれる学派です。

「識」とは、心＝認識のことです。唯識とは、その名が示すように、**実体はなくただ認識だけがあるとする**捉えかたと考えればいいでしょう。唯識派にしたがえば、私たちが、「私」や「ペン」「リンゴ」を実体であるように捉えてしまうのは、認識の所産にすぎないのです。

センター試験もしくは大学入学共通テストの範囲であれば、この説明だけで十分ですが、唯識派のユニークな点は、私たちの認識のはたらきを、**六識**《ろくしき》（眼・耳・鼻・舌・身・意）、**マナ識**、**アーラヤ識**という領域から説明していることにあります。

六識のうち最初の五つは視覚、聴覚、嗅覚《きゅうかく》、味覚、触覚の五感を生じる感覚器官全般であり、最後の「意」は意識に相当します。マナ識とは自我意識のこと。つまり、六識を通じて受け取る現れに対して、価値判断をする心のはたらきとお考えください。たとえば六識で認識したケーキを、食べたいと判断するのがマナ識です。

仏教において、自我意識は煩悩の権化《ごんげ》であり、欲望や執着によって事物は実体視されてしまいます。ケーキを食べたいと思うから、ケーキを実体と捉えてしまう。私をもっと評価してほしいという気持ちが、「私」という実体を捏造《ねつぞう》してしまう。それは価値判断や欲望判断を担うマナ識が作用するからです。

そして、これら六識とマナ識を生み出す領域がアーラヤ識です。アーラヤとはサンスクリット語で、「住居」「蔵」などを意味します。わかりやすく言えば、アーラヤ識とは、過去から現在に至るまでのあらゆる知覚や感覚、思考の貯蔵庫のようなもの。しかもそれは一人の人間の人生だけのものではなく、全宇宙的なデータベースなのです。

唯識派の説明によれば、アーラヤ識に溜め込まれた情報が大元になって、六識やマナ識が生みだされる。同時に、六識・マナ識の作用で生じた認識はアーラヤ識に溜め込まれる。このように、**アーラヤ識と六識・マナ識は、相互にフィードバックをするループの関係にあります。**この情報ループがいわば縁起のメカニズムであり、ループにどっぷりハマっているかぎり、事物を実体視する習慣から抜けでることはできません。

だとすれば、「空」の境地に達するとは、**すべては識（認識）の作用にすぎないと自覚し、あらゆる執着から離れる**ことになります。

ここまで見てきたように、龍樹は「空」という概念を論理的に説明し、唯識派は事物に執着する心や認識のメカニズムを解き明かしました。両者の思想が、その後の大乗仏教の発展にも決定的な影響力をおよぼしたのです。

解答と解説

設問の引用文を正確に読み解きましょう。

批判者の発言は、一文目と三文目を同じ意味で使っています。そこから、批判者は「空である」と「存在しない」を同一視していることがわかります。

それに対して龍樹は、「空」について、「他に縁って存在している」「本体がない」「それ自身で存在していない」と説明していることから、批判者のように、「空である」を「存在しない」ことと同一視していないことがわかります。そのうえで、車や壺や布を例に挙げながら、「本体をもたない」けれども、何かをおこなうはたらきはあると述べています。

これをふまえて選択肢を検討すると、❶❸はそれぞれ二文目の「ものが存在していないとは、ものはもっぱら他に縁って生じるということであり」「ものが存在していないとは、ものに本体がないということであり」が誤り。龍樹の発言に、「ものが存在しないこと」の説明はありません。❷は「ものがそれ自身で存在していないとは、ものに本体があるということであり、本体があるものにも、何かを行うはたらきはある」の前後半ともに誤りです。正しくは、「ものがそれ自身で存在していないとは、ものに本体がないということであり、本体がないものにも、何かを行うはたらきはある」です。よって正解は❹になります。

II　中国思想の核心は「天」にあり

——儒教から朱子学へ

Ⅱ章関連年表

年代	主な出来事	主な人物
前770年	周の東遷、春秋時代始まる(〜前403年)	
	孔子をはじめ諸子百家が登場	孔子(前552ころ〜前479)
		顔淵(前514〜前483)
		墨子(前480ころ〜前390ころ)
前403年	晋の分裂、戦国時代始まる(〜前221年)	老子(?)　荘子(?)
		孟子(前372ころ〜前289ころ)
		荀子(前298ころ〜前235ころ)
前221年	秦の始皇帝、中国を統一	韓非(?〜前233)
	焚書坑儒、万里の長城増築	李斯(?〜前208)
前206年	秦の滅亡	
前202年	漢王朝(前漢)(〜8年)	董仲舒(前176ころ〜前104ころ)
	武帝、儒教を官学化	
25年	後漢王朝(〜220年)	
	⋮	⋮
960年	趙匡胤、宋(北宋)の初代皇帝になる	周敦頤(1017〜73)
	文治主義をとり、科挙を改革	程顥(1032〜85)
		程頤(1033〜1107)
1127年	高宗、南宋を建国(〜1279年)	朱子(1130〜1200)
	⋮	⋮
1368年	洪武帝、明を建国(〜1644年)	王陽明(1472〜1528)
	科挙を整備し、朱子学を官学化	

本章では、日本でもおなじみの中国思想を代表する思想家の議論を解説していきます。ドイツの哲学者カール・ヤスパース（一八八三〜一九六九）が唱えた「枢軸時代《すうじく》」という概念があります。広くとれば前八〇〇年から前二〇〇年にかけて、ピンポイントでは前五〇〇年前後に、世界各地で同時多発的に、人間存在のありかたを問う哲学や思想が誕生した。人類史のなかでも大きな転機をなすこの時代をヤスパースは枢軸時代と呼びました。

すでに前章で述べたように、前五〇〇年前後の同期生にはブッダとソクラテスがいます。中国思想でそこに加わるのが儒教の祖である**孔子《こうし》**であり、以後、春秋戦国時代には、**諸子百家**と呼ばれる思想家がさまざまな議論をたたかわせ、思想を深化させていきました。

孔子は、道徳的理想を**仁《じん》と礼《れい》の結合**に求めます。すなわち人間的な愛情や思いやりの表れとして礼儀や儀礼を捉え、礼を通じて仁徳を育《はぐく》むことに人間としての道を見いだした。そして、徳のある君主が民を治め、その人徳によって人々を教化していくような**徳治《とくち》主義**を理想の政治と考えました（2-1参照）。

孔子をはじめとする儒家の教えを痛烈に批判した諸子百家に、**墨子《ぼくし》**（前四八〇ころ〜前三九〇ころ）を祖とする**墨家《ぼっか》**や、**老子**、**荘子**を代表とする**道家**があります。

本書では墨子をくわしく取り扱わないので、すこし解説しておきましょう。墨子は、身近な者への愛情を優先させる儒家の思想を批判し、他者を区別することなく万人を平等に愛する**兼愛説**《けんあい》を説きました。また、万人が平等な社会を実現するうえで、戦争は無用だという考えから**非攻**《ひこう》（非戦論）を主張します。ただし、専守防衛の武力までは否定しません。墨家の集団は小国の防衛戦に協力し、早期の戦争終結をめざしたのです。

老子は、儒家の説く徳治主義の政治を作為的なものと批判します。世界は**無為**《むい》、**つまり何もしなければおのずと調和が実現する**。なのに、余計なはたらきかけをするから、調和が崩れてしまうと考えるわけです（2－2参照）。

荘子も老子と同様に、儒家への批判をまじえて、是非、善悪、美醜といった区別のない**万物斉同**《ばんぶつせいどう》の境地を求めます。しかし同時に、変化や変容を肯定する「**物化**《ぶっか》」という主題が繰り返し語られていることも見逃せません。荘子は、変化の思想家でもあったのです（2－2参照）。

こうした他の諸子百家からの批判を迎え撃つ儒家の論客が、**孟子**《もうし》と**荀子**《じゅんし》です。孔子の仁を受け継いだ孟子は、墨子の兼愛説に対して「父を無視し君を無視するのは、それこそ禽《きん》獣《じゅう》の行いである」（「滕文公《とうぶんこう》章句　下」、宇野精一訳『孟子　全訳注』講談社学術文庫、二〇一頁）と痛烈な言葉を浴びせます。

荀子は、荘子の思想を「天一辺倒で、人間の領分を知らない」と切り返す。加えて先輩格である孟子の**性善説**に対しても「人の本性をよく理解していない」と否定し、**性悪説**を唱えます。しかし**性善説と性悪説は、ほんとうに正反対の思想なのか**。孟子と荀子の節では、その点について考察しました（2‐3参照）。

中国儒教史のなかで、東アジア社会に絶大な影響をおよぼした思想が、南宋の時代に**朱子が打ち立てた朱子学**です。朱子は、仏教や道教に対抗した先人の思想をふまえ、儒教を哲学的な体系に昇華させました。

彼は、人間の性（本性）には天から与えられた理が備わっている（**性即理**《せいそくり》）と考え、多くの書を読み、万物に共通する理を窮《きわ》めることが聖人への道だと主張します（2‐4参照）

しかし明代の**王陽明を祖とする陽明学**は、行為に伴う心の動きのなかに理を見いだし（**心**《しん》**即理**《そくり》）、知ることと行うことは同一であるという**知行合一**《ちこうごういつ》を唱えました（2‐4参照）。

ともすると、ありがたい人生訓として受容されがちな儒教と老荘思想ですが、思想史の流れのなかで捉えることで、個々の思想の理解もまた深まってくるはずです。

2 - 1

儒教は仁から始まった 孔子の思想

以下に引用したセンター試験の問題文では、孔子の思想のポイントである「仁」についてコンパクトに説明されています。本節でも、この問題文を敷衍《ふえん》するかたちで、儒教の祖である孔子の思想を解説することにしましょう。

問5 **次の文中の 1 2 に入れるのに最も適当なものを、❶～❹のうちからそれぞれ一つ選べ。**

「自己の生き方」について人が真摯《しんし》に思索する時、先哲の思想はいかなる道しるべとなるであろうか。

仁の実現が人のあるべき生き方であるとする孔子は、仁の発露を親子・長幼の間の愛情である 1 に見る。まず身近な者を愛することから始めて、次第に愛情を広く他人へ及ぼしていくのである。さらに、この愛情としての仁の徳が成就するためには、自己の欲望を克服して 2 に従って生きるという自己修養が必要である。この孔子の思想は、中国思想の底流をつらぬく儒家の伝統を形成していくことになる。

1 ❶渇愛 ❷良知 ❸慈悲 ❹孝悌《こうてい》

2 ❶信 ❷礼 ❸和 ❹法

（一九九一年・センター本試験　第1問・問1）

周の衰退

孔子（前五五一ころ～前四七九）は、古代中国の春秋時代（前七七〇～前四〇三年）の末期を生きた思想家です。彼が生きたのは、周《しゅう》王朝が東遷《とうせん》したことで周の権威が失墜し、諸侯同士の争いが大きくなっていく時代でした。すでに述べたとおり、前章で取りあげたブッダと孔子は、ほぼ同世代であることも知っておいていいでしょう。

孔子の思想を理解するためには、それ以前の時代背景を知っておく必要があるので、簡単に説明しておきます。

古代中国の王朝は、夏《か》→殷《いん》→周と替わっていきます。かつては伝説上の存在とされた夏王朝ですが、近年は実在説が強くなってきました。前一六世紀ころ〜前一一世紀まで続いた殷王朝は、祭政一致の神権国家であり、王（天子）の支配は、天帝《てんてい》（天を司る神）によって正統化されました。中国思想では、この**「天」**という概念が非常に重要な意味を持ち続けます。時代が下るにつれ、天帝といった具体的な存在を示す意味は薄まり、さまざまな原理の源となる抽象的な超越原理へと変質していくのです。

殷を倒した周は権力を安定させるために、一族や有力な功臣を諸侯に封《ほう》じて土地と人民を与え、世襲で支配させます。これを**封建制度**といいます。この封建制度のもと、各地の諸侯が王の祭祀《さいし》にならって、一族の祖先祭祀を執りおこなうようになり、**「礼」**（慣習的な儀礼）が社会秩序の基盤となっていきます。

前述したとおり、孔子が生きた春秋時代末期は動乱の時代でした。結果、王と諸侯の血縁関係も薄れ、礼も形骸化してしまったのです。

孔子の生涯

孔子が生まれた魯《ろ》（現在の山東省）という小国は、もともと周王朝を建てた武王《ぶおう》の弟、周《しゅう》公旦《こうたん》（前一一世紀ころ）に与えられた土地です。周公旦は、武王やその息子の成王《せいおう》の補佐役として、周王朝の基礎を固めた人物だといわれています。

孔子はこの周公旦を理想の人物と仰ぎ、彼を手本として礼楽《れいがく》（儀礼・音楽）の学びを深めていきます。のちに弟子たちがまとめた孔子の言行録である『論語』には、孔子が自らの人生を語った有名な一節があります。引用してみましょう（以下、基本的に訳文だけを引用しますが、読み下し文だけで理解できるものは「読み下し文のみ」、有名な箇所は「読み下し文＋訳文」の引用とすることもあります）。

子曰く、吾十有五にして学に志す。三十にして立つ。四十にして惑わず。五十にして天命を知る。六十にして耳順《したが》う。七十にして心の欲する所に従って、矩《のり》を踰《こ》えず。（「為政」）

【訳】先生は言われた。「私は十五歳になったとき、学問をしようと決心し、三十歳になったとき、学問的に自立した。四十歳になると、自信ができて迷わなくなり、五十歳になると、天が自分に与えた使命をさとった。六十歳になると、自分と異なる意見を聞いても反発しなくなり、七十歳になると、欲望のままに行動しても、人としての規範をはずれることはなくなった」。（井波律子訳『完訳 論語』岩波書店、二五〜二六頁）

「子」は先生の意で、孔子を指します。早くに両親を亡くし、貧しい生活を強いられた孔子は、一五歳のときに学問で身を立てることを決意しました。ここでいう学問とは、先に述べた礼楽をはじめ、詩や歴史、礼法などさまざまな文化的教養のことでしょう。

動乱の時代のなか、彼は自分の社会理念を実現させようと努力し、五〇代でようやく魯の司法長官に任用されましたが、内紛によって挫折し、魯を去りました。その後、一四年にわたり、弟子たちとともに地方を遍歴しながら亡命生活を続けます。そこでも重職に任用される機会はありませんでした。六八歳で魯に戻り、その後は弟子の教育や年代記『春秋』の添削に専念。そして、「心の欲する所に従って、矩を踰え」なくなったといいます。

仁と礼は一体不可分

『論語』の随所に記された孔子の思想のなかでも、とりわけ重要なのが「仁」と「礼」という二つの概念です。

では、仁とは何でしょうか。仁の基本とされているのが、**「孝悌」**です（「孝悌なるものはそれ仁の本《もと》たるか」学而二）。「孝」は父母を敬うこと、「悌」は年長者に素直に従うことです。孔子は、こういった**身近な人間への愛情を、さまざまな他者に広げていくこと**が仁の大事な実践だと考えました。

ただ、「仁＝孝悌」と考えると、仁の真意を取り逃がしてしまいます。孔子は、上記以外にも「人を愛すること」「剛毅木訥《ごうきぼくとつ》な人は仁に近い」「過《あやま》ちを見れば、その人の仁がわかる」など、対話の相手に応じてさまざまなかたちで仁を説明しています。おそらく孔子は、自らが考える理想的な人間性を仁と呼んだのでしょう。ここで重要なのは、孔子にとって、**仁と礼とは不可分である**という点です。それを示す対話を引用してみます。

> 顔淵《がんえん》（顔回《がんかい》）が仁についてたずねた。
> 先生は言われた。「自分の欲望を克服して礼の方式にたちかえることこそ、仁徳である。一日でも自分の欲望を克服して礼の方式にたちかえったならば、天下じゅうの人々がその仁徳になつき集まって来る。仁徳を実践するのは、自分自身によるもので

あり、他人によるものではない」。

顔淵が言った。「（そうした仁徳の）実践項目をうかがわせてください」。

先生は言われた。「礼の方式にはずれたものには、目を向けてはならない。礼の方式にはずれたものには、耳を傾けてはいけない。礼の方式にはずれたことは言ってはならない。礼の方式にはずれた行為はしてはならない」。

顔淵は言った。「回《わたくし》は愚かではありますが、このお言葉を実行したいと思います」。

（「顔淵」、同前、三三八〜三三九頁）


顔淵（前五一四〜前四八三）は孔子の高弟です。「克己復礼《こっきふくれい》」という四字熟語の由来となった一節ですが、孔子は、**自分の欲望を克服して礼の方式にたちかえることが仁である**、と言っています。これは、どういうことでしょうか。

その具体的な例が、引用した後の一節で語られています。別の弟子から仁について尋ねられた孔子は、家の外で人に会うときは大事なお客さんと会うようにふるまい、人を使うときは大切な祭をおこなうようにすることだといいます（「顔淵」）。

あるいは、『論語』の「郷党《きょうとう》」篇には、季節外れのものは食べない、切りかたが正しく

仁と礼は一体不可分

ないものは食べないなど、孔子の食生活が非常に細かく記されています。孔子にとって、食べる行為もまた重要な礼であり、仁を培《つちか》うものでした。

日常生活で自分の好き勝手にふるまうのではなく、その場にふさわしいふるまいをすることが仁へと通じているわけです。身近な例を挙げれば、他者から親切にしてもらったときに「ありがとう」と言うのが礼であり、そこに心のこもった感謝の意を込めることが仁です。

このように、人間的な思いやりである仁は礼として外に表現されます。したがって、孔子にとって礼の実践は仁の実践であり、他者に対する人間的な配慮をトレーニングすることにほかなりません。**孔子は、仁と礼を結びつけることによって、形骸化した礼のありかたに、思いやりや誠実さなど、人間的な意味あいを溶け込ませた**のです。

儒家にとって理想的な政治とは？

『論語』には、**「君子」「小人《しょうじん》」**という言葉がよく使われます。たとえば「人から認められなくとも腹を立てない。それこそ君子ではないか」（「学而」、同前、一頁）、「君子は誠実さと節度をもって人と交わるが、馴れ親しむことはない。小人は馴れ親しむが、誠実さと節度をもって交わらない」（「為政」、同前、三六頁）とあるように、孔子は、**高い道徳性を備えた人間**を君子と呼び、**徳のない人間**を小人と呼びました。

君子は人間がめざすべき理想的な人物像であり、そのためにはよく学び、仁と礼を実践し続けなければなりません。礼の実践を続け、仁を身につけることが孔子にとっての「道」なのです。

孔子は、この理想を政治にも適用します。すなわち、**仁や礼を体現するような人物こそ君主にふさわしい**と考える。孔子に始まる儒家の理想的な政治とは、徳のある君主が民を治め、その人徳によって人々を教化していくような**徳治主義の政治**です。孔子の言葉を見てみましょう。

先生は言われた。「人々を導くにあたって法制や禁令により、刑罰によって取り締まったならば、刑罰から逃れることばかり考え、恥じる心がなくなる。人々を導くにあたって徳により、礼によって整えたならば、恥じる心が生まれ、正しい道に至る」。

（「為政」、同前、二四〜二五頁）

孔子は、法や刑罰による法治主義の統治では、人々の人間性の向上にはつながらないと考えます。**重要なのは、為政者の徳であり、人々が自発的に感情を陶冶《とうや》するような礼の拡充《かくじゅう》なのです。**

解答と解説

ここまでの説明を読めば解答は容易でしょう。［1］は、仁の発露ですから、❹孝悌が正解です。「自己の欲望を克服して［2］に従って生きる」は、本文で説明した「克己復礼」のことなので、［2］は❷礼が正解です。

2-2

儒家が世の中をダメにした？　老子と荘子の思想

本節のテーマは、日本でも人気の高い老荘思想です。最初に、前節の復習も兼ねて、孔子と老子の違いを問うセンター試験問題を紹介しましょう。ポイントは「道」です。

問6　孔子が説いた「道」は、老子によって批判されているが、両者の「道」についての記述として最も適当なものを、次の❶～❹のうちから一つ選べ。

❶孔子は、天下に秩序をもたらす道徳的な道を説いたが、老子は、それを作為的なものだと批判し、万物を生み育てる自然の根源としての道を説いた。

❷孔子は、万物を貫く理法としての客観的な道を説いたが、老子は、それを精神を疲労させるものだと批判し、心の本性に従う主体的な道を説いた。

❸孔子は、子が親に孝の精神をもって仕えることを道としたが、老子は、それを差別的な愛だと批判し、自他の区別なく平等に愛することを道とした。
❹孔子は、人間を処罰して矯正《きょうせい》する礼や法を道としたが、老子は、それを人民に脅威を与えるものだと批判し、それらを捨てた自然の状態を道とした。
（二〇一一年・センター本試験　第2問・問2）

道は万物の根源

前節では、春秋時代（前七七〇～前四〇三年）の中国について説明しましたが、さらに周が中国を統一する前二二一年までの間を加えて、春秋戦国時代といいます。この約五世紀のあいだは、周が衰亡していくとともに諸侯同士の争いが激化する動乱の時代でしたが、同時に、孔子をはじめ、諸子百家と呼ばれる多くの思想家が登場した時代でもありました。

とりわけ前四世紀の戦国時代に入ると、大国が富国強兵を競って抗争を繰り広げていきます。貨幣経済も浸透して、社会は大きな変動期に突入しました。各国の諸侯は、国や人はどうあるべきかという思想を求め、それに応じるように、さまざまな論客が自説を発表して、大国の顧問となることを目指しました。

そのなかで儒家と並んで、後世に大きな影響を与えたのが、老子や荘子を源流とする**道家の思想**です。

最初に、老子の思想から見ていきましょう。

老子は司馬遷の歴史書『史記』によれば、孔子と同時代の人物であり、姓は李《り》、名は耳《じ》、字《あざな》は聃《たん》、楚《そ》の国出身で周の蔵書庫の役人をしていたと書かれています。しかし、荘子よりものちの時代の人物だとする説や、実在を疑う説もあり、その実像はいまなお多くの謎に包まれています。現在に伝わる著書『老子』（『道徳経《どうとくきょう》』）の成立期や成立経緯についても確定はされていません。

以上をふまえたうえで、ここでは『老子』というテキストの内容を中心に解説していくことにします。

老子の思想の中心は「**道**（タオ）」という概念です。

「道」という言葉は、孔子も使っています。前節で解説したとおり、孔子の説く道は、人間としての徳を身につける道のことでした。具体的には「よく学んで、仁や礼を備えること」が課題となります。

それに対して、老子のいう「道」はまったく意味が異なります。『老子』に「「道」は

「一」を生み出す。「一」から二つ（のもの）が生まれ、二つ（のもの）から三つ（のもの）が生まれ、三つ（のもの）から万物が生まれる」（『老子』第四二章、小川環樹訳、『世界の名著4　老子　荘子』中公バックス、一一七頁）とあるように、道は、**万物を生みだし成立させる根源的な原理**なのです。

道は、万物の根源ですから、天地にも先立っている。また、「語りうるものであれば、それは不変の「道」ではない」（第一章、同前、六九頁）、「それらは状《すがた》なき状、物とは見えない象《かたち》とよばれ」（第一四章、同前、八五頁）など、言葉で表現できず、感覚では捉えられないものとも説明されています。

水のごとく生きよ！

『老子』は、この道をモデルにして、人々の理想的な生きかたや統治のありかたを論じています。そのキーワードは「**無為**」、**何も余計なことはしないということ**です。

『老子』には、何かをすることが裏目に出てしまう例が数多く登場します。金銀を持ちすぎると、それを守ることができない。武力を誇れば、報復される。巧みな技術が増えると、おかしなものがたくさん出てくる。現代でも、高度な技術が兵器や戦争に利用される例は数多くあります。

「大道廃《すた》れて、仁義有り（大いなる「道」が衰えたとき、仁愛と道義（の説）がおこった）」（第一八章、同前、九〇頁）など、儒家の教えである仁義といった道徳も余計な教えだと批判されます。

道から生まれた万物は、余計なことをしなければ、めいめいが生い育ち、あるべき姿へと立ち戻っていきます。同様に人間も、何もしなければ、収まるところに収まっていく。「『道』はつねに何事もしない。だが、それによってなされないことはない」（第三七章、同前、一一〇頁）とあるように、余計なことをしないことが逆に多くのことを実現するわけです。『老子』は、こうした「無為」のありかたを**水によって**喩えています。有名な**「上善如水（上善《じょうぜん》は水の如し）」**の元になった一節を見てみましょう。

最上の善とは水のようなものだ。水のよさは、あらゆる生物に恵みを施し、しかもそれ自身は争わず、それでいて、すべての人がさげすむ場所に満足していることにある。このことが（水を）「道」にあれほど近いものとしている。（第八章、同前、七七頁）

水は物体と争うことなく、高い所から低い所へと融通無碍《ゆうずうむげ》に流れながら、動植物に恵みを与えます。『老子』は、この水のように外的な環境と争わず、あるがままの状況に身をゆだねるありかたを理想的な生きかたとして称揚するのです。

小国寡民はユートピアか

では、無為を政治や統治に適用するとどうなるでしょうか。当然、余計なことを何もしない王や君主こそが理想的な指導者となります。

『老子』では、無為の政治が実現した姿を次のように描いています。

聖人の統治は、人民の心をむなしくすることによって、人民の腹を満たしてやり、かれらの志《のぞみ》を弱めることによって、かれらの骨を強固にしてやる。いつも人民が知識もなく欲望もない状態にさせ、知識をもつものがいたとしても、かれ（聖人）はあえて行動しないようにさせる。かれの行動のない活動をとおして、すべてのことがうまく規制されるのである。（第三章、同前、七二頁）

有名な「**小国寡民**《しょうこくかみん》」という四字熟語の元となった章の大意も同様です。小さなサイズの国で、欲のない人々が質素な生活で満足する。性能のいい道具や乗り物も使わない。欲がないので、人々は隣国へ行く気もおこらない。孔子が没頭した学問も不要です。「人民の心をむなしく」したり、「かれらの志を弱め」たりする、すなわち、**人々のあらゆる欲望や向上心が芽生**《めば》**えないようにし、彼らが食べて暮らせるだけでよしとする共同体**――。これをユートピアと考えるか、ディストピアと考えるかは、解釈が分かれるところですが、どこかコロナ禍の世界を連想させるものがあります。

「老荘思想」は後世の括り

それでは**荘子**の解説に入りましょう。「老荘思想」と括られるのは後世になってからであり、その影響関係もはっきりとはわかっていません。高校倫理の教科書などでは、荘子は、老子の思想を発展させた人物として紹介されますが、本節ではむしろテキストとしての『老子』と『荘子』の違いに力点を置いてみたいと思います。

まずは、センター試験の問題を引用しましょう。『荘子』の有名な一節を読解させる良問です。この問題のキーワードもまた「道」です。

問7　『荘子』には次のような説話が見られる。この説話が示す道の性質を述べたものとして最も適当なものを、❶〜❹のうちから一つ選べ。

南海の帝を儵《しゅく》といい、北海の帝を忽《こつ》といい、中央の帝を渾沌《こんとん》といった。儵と忽とはときどき渾沌の土地で出会ったが、渾沌はとても手厚く彼らをもてなした。儵と忽とはその渾沌の恩に報いようとして相談し、「人間には誰《だれ》にも（目と耳と口と鼻の）七つの穴があって、それで見たり聞いたり食べたり息をしたりしているが、この渾沌だけはそれがない。ためしにその穴をあけてあげよう」ということになった。そこで一日に一つずつ穴をあけていったが、七日目に渾沌は死んでしまった。

❶道（渾沌）は、道に反する自己の功績や名声に執着しているような人間（儵と忽）には捉《とら》えることはできない。

❷道（渾沌）は、すべての人間がのっとるべき儒家規範であり、それに反する人間（儵と忽）には認識不可能なものである。

❸道（渾沌）は、自分の世界にとらわれた人間（儵と忽）の経験的判断を超えたものであり、彼らには認識することはできない。
❹道（渾沌）は、日常的な場での礼儀を重んじる人間（儵と忽）によってこそ、その本質が明らかにされる。

（一九九八年・センター本試験　第1問・問3）

荘子も老子と同様に生没年は明らかではありませんが、これまでの研究では、戦国時代中期から末期の人物であると目されています。『荘子』という著作もさまざまな編纂を経たものであり、すべてが荘子オリジナルのテキストというわけではありません。

道の境地に達する修養法

では、『荘子』の中身に入っていきましょう。『老子』には理想の君主や理想の統治が描かれているのに対して、『荘子』では政治的な議論は影を潜めています。

先述したように、高校の教科書では『老子』の発展型として『荘子』が紹介されています。たしかに『荘子』を読むと、無為の境地と類似の表現が数多く見つかります。その骨子は「万物は本来、区別や対立がなくみな斉しいのであり、是非、善悪、美醜といった区別は、人間が設定した相対的なものにすぎない」というものです。これを**「万物斉同」**といいます。『荘子』の一節を現代語訳で引用しておきましょう。

　世の人《ひと》は、もともと一つであるはずのものを可と不可に分け、可であるものを可とし、不可であるものを不可としている。だが、それは、ちょうど道路が人の通行によってできあがるように、世間の人びとがそういっているからという理由で、習慣的にそのやり方を認めているにすぎない。（中略）

　究極の境地とは何か。是非の対立を越えた是《ぜ》に、いいかえれば自然のままの道に、ひたすら因《よ》り従うことである。ひたすら因り従うだけで、その因り従うことさえ意識しなくなること、これが道の境地である。（『荘子』第二斉物論篇、森三樹三郎訳、『世界の名著4　老子 荘子』中公バックス、一八〇～一八一頁）

　ここに示されているように、『荘子』の道もまた、『老子』と同じように、人為的な判断を越えた自然のはたらきそのものであることがわかります。

道の境地に達する修養法として、『荘子』のテキストから生まれた「**心斎坐忘**《しんさいざぼう》」という言葉があります。「心斎」とは、心を虚《むな》しくして分別にとらわれないこと、「坐忘」とは、静かに座って、自他の区別を忘れることをいいます。つまり、荘子にとっての理想的な生きかたとは、人知や執着を捨てて心を虚しくする修養を重ねることで、**何事にも束縛されず、あるがままの世界と一体化するようなもの**と捉えられるわけです。

夢を見たのはどちら?

しかし『荘子』のテキストは、万物斉同という区別のない世界だけに回収されるものではありません。

ハーバード大学のマイケル・ピュエットさんが「『荘子』は、いかに世界のあらゆるものが、移動と相互作用、流転と変遷のダンスをたえず踊りつづけながら、ほかのあらゆるものに転変しているかを繰り返し強調している」(『ハーバードの人生が変わる東洋哲学』、熊谷淳子訳、早川書房、一七七頁)というように、『荘子』には、変化や変容の肯定というテーマが繰り返し語られています。これは『老子』には見られない特徴です。

そのなかで最も有名な一節が「胡蝶《こちょう》の夢」の名で親しまれているものです。現代語訳を

胡蝶の夢

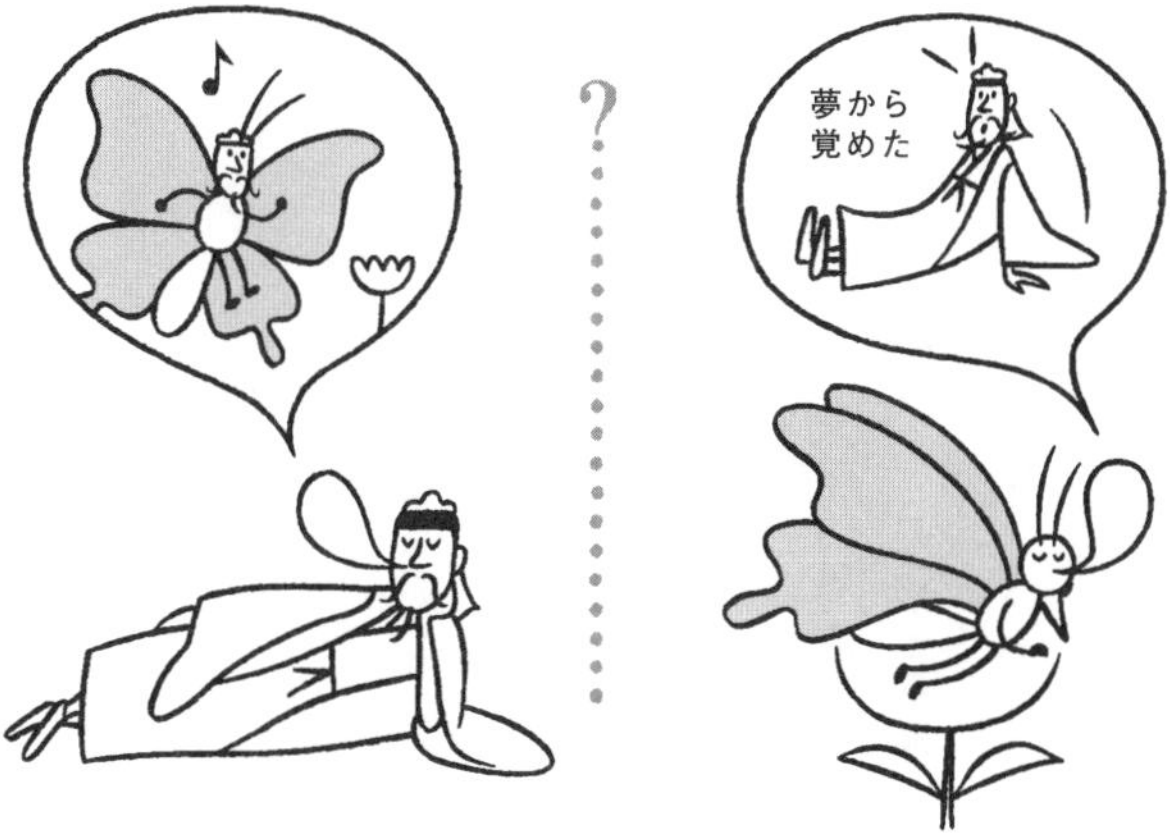

荘周が夢を見て蝶となったのか、蝶が夢を見て荘周となったのか？

引用しましょう。

かつて荘周が夢を見て蝶となった。ヒラヒラと飛び、蝶であった。自ら楽しんで、心ゆくものであった。荘周であるとはわからなかった。突然目覚めると、ハッとして荘周であった。荘周が夢を見て蝶となったのか、蝶が夢を見て荘周となったのかわからない。荘周と蝶とは必ず区別があるはずである。だから、これを物化というのである。

（斉物論第二、中島隆博『『荘子』――鶏となって時を告げよ』岩波書店、一五〇頁）

右のように訳した中国哲学の研究者、中

島隆博さんは、ここでは、万物斉同という同等性ではなく、荘子(荘周)と蝶に「区別」があることを重視しています。また、荘子の夢のなかでは「自分が荘子だという自覚さえない」のですから、自己同一性すら失うほど、主体も世界もがらりと変化している。そこには時間的な連続性もありません。それが「物化」ということです。

このように『荘子』を変化や変容の書として読み解くならば、万物斉同とは、万物に区別がないのではなく、**万物それぞれに等しく充足的な世界があること**だと解釈できるかもしれません。

解答と解説

問6　前節、そして本節の解説に照らし合わせて、選択肢を検討していきましょう。

❶の「孔子は、天下に秩序をもたらす道徳的な道を説いた」「老子は、それを作為的なものだと批判し、万物を生み育てる自然の根源としての道を説いた」はどちらも正しい記述です。❷は「孔子は、万物を貫く理法としての客観的な道を説いた」「老子は、それを精神を疲労させるものだと批判し、心の本性に従う主体的な道を説いた」がいずれも誤り。これらはそれぞれ本章の最後の節で扱う朱子と王陽明の考えです。

❸は「老子は、それを差別的な愛だと批判し、自他の区別なく平等に愛することを道とした」が誤り。これは諸子百家の一つである墨家の考えです。❹は「孔子は、人間を処罰して矯正する礼や法を道とした」が誤り。孔子は道徳的な修養や感化を重視したのであり、人間の処罰や矯正を道とは考えていません。よって正解は❶。

問7　引用されている説話は、渾沌からもてなされた儵と忽が、その返礼として渾沌に七つの穴を開けたら、渾沌は死んでしまったというものです。

選択肢を検討すると、❶は「道に反する自己の功績や名声に執着しているような人間（儵と忽）」が誤り。儵と忽は、もてなしの返礼をしようとしているのであって、自己の功績や名声に執着しているわけではありません。❷は道（渾沌）を「すべての人間がのっとるべき儒家規範」としている点が誤り。荘子は儒家ではありません。❹は、「その本質が明らかにされる」が誤り。渾沌は死んでしまったのですから、本質は明らかにされていません。よって正解は❸。儵と忽は、人間の姿形をよしとする自分の経験や価値観に囚《とら》われた行動をした結果、渾沌を死なせてしまった。「道（渾沌）は、自分の世界にとらわれた人間（儵と忽）の経験的判断を超えたものであり、彼らには認識することはできない」のです。

2 - 3

天と人との関係はいかに？

孟子の性善説と荀子の性悪説

本節では、戦国時代に孔子の思想を受け継いだ孟子と荀子を扱います。

最初に引用する問題は、孟子の「性善説」を理解するうえで欠かせない概念である「四《し》端《たん》」を問うものです。孟子は、能天気に「人間は生まれながら善をおこなう存在だ」と考えていたわけではありません。では、なぜ「性善説」と呼ばれるのか。この問いを念頭に置きながら、まずは孟子の思想から見ていきましょう。

問8 **孟子が説いた四端に関する説明として最も適当なものを、次の❶〜❹のうちから一つ選べ。**

❶すべての人に、他人の不幸を憐れむ仁という心、善悪を見分ける智という心などと

いった四端が内在している。人は、このように自己に内在する本性を心の底から信じて、それをそのまま発揮することで善を実現できる。
❷すべての人に、他人の不幸を憐れむ心、善悪を見分ける心などといった四端が生まれながらに具《そな》わっている。これらは仁・義・礼・智という四徳《しとく》の芽生えであり、この四端を推し広げていくことで人は善を実現できる。
❸すべての人に、他人の不幸を憐れむ心、善悪を見分ける心などといった四端が不完全な形で具わっている。人は、後天的な努力でこの四端を矯正していき、仁・義・礼・智という四徳を実現していかなければならない。
❹すべての人に、他人の不幸を憐れむ仁という心、善悪を見分ける智という心などといった四端が生まれながらに具わっている。人はこの四端を拡充し、惻隠《そくいん》や辞譲《じじょう》といった四徳へと向上させていかなければならない。

（二〇〇五年・センター追試験　第1問・問6）

性善説の根拠は「忍びざるの心」

孟子（前三七二ころ～前二八九ころ）が生きた時代は戦国時代（前四〇三～前二二一年）の終

盤にあたります。彼の本名は孟軻《もうか》。孔子の孫である子思《しし》（前四八三ころ～前四〇二ころ）の弟子から孔子の教えを学び、孔子の教えを実現するために、梁《りょう》、斉《せい》、宋《そう》、魯などの諸国を遊説《ゆうぜい》しました。しかしかつての孔子と同様、芳《かんば》しい成果は得られず、晩年は郷里に戻り、弟子の教育と著述に専念しました。

前節で説明したように、戦国時代の中国では、多士済々の思想家が登場し、議論を戦わせていました。その一人であった孟子は、孔子の教えを継承すると同時に、他の学派からの儒家批判に応答しなければなりません。

孟子の時代になると、天と人との関係が大きな論点となりました。そこから天によって与えられた「性（人の本性）」をどのように捉えるか、という問題が焦点化されていきます。実際『孟子』にも、孟子が告子《こくし》という思想家を相手に、人の本性に関する議論を戦わせるくだりがあります。告子によれば、人間の本性には善や不善の区別はないので、人は善にも悪にもなりうるといいます。それに対して、孟子が唱えたのが「**性善説**」、すなわち「**人間の本性は善である**」という考えかたです。

ではなぜ、孟子は性善説を唱えたのでしょうか。それは「**忍びざるの心**」があるからだ、というのが答えです。「忍びざるの心」とは、**他者の危機を見てとっさにはたらいてしまう**

感情のことをいいます。孟子の言葉を見てみましょう。

なぜ人にはみな人に忍びざるの心があるというかというと、今かりに突然幼児が井戸に落ちようとするのを見れば、だれでもはっと驚き深く哀れむ心持ちが起こって助けようとする。それは（中略）利害得失を考えた結果ではなく、反射的にすることだ。

（「公孫丑《こうそんちゅう》章句　上」、宇野精一訳『孟子　全訳注』講談社学術文庫、一〇三頁）

現代でいえば、子供が突然車道に飛びだすのを見て、思わず助けようとするのと同じです。人間にはみな、このような「忍びざるの心」がある。それゆえ、人間の本性は善であると孟子は考えるわけです。

四端は出発点にすぎない

しかし現実の世界には、善人もいれば悪人もいます。「性善説」が正しいならば、この世に悪人はいなくなるのではないでしょうか。

それを説明するのが、冒頭のセンター試験で問われている**「四端」**という考え方です。四端とは、「仁・義・礼・智」という「**四徳**」の発端ということです。井戸に落ちそうな子供に対してはたらくような憐《あわ》れみの心を、孟子は「**惻隠の心**」と呼び、「惻隠の心は、仁の端なり」(同前)といいます。つまり、とっさの思いやりや憐れみの心は、仁の**端**《はし》**っこ**、**出発点**だというのです。

こういった道徳心の出発点になる「端」は、惻隠の心を含めて四つあります。すなわち、①仁の端である「**惻隠の心**」(憐れみの心)、②義の端である「**羞悪**《しゅうお》**の心**」(悪を恥じる心)、③礼の端である「**辞譲の心**」(他人に譲る心)、④智の端である「**是非**《ぜひ》**の心**」(正不正を判断する心)という四つです。

孟子によれば、**四端は出発点にすぎないので、それを拡充しなければ四徳に達することはできません**。悪の原因もここにあります。人間は生まれつき、善の種を持っているけれども、それを努力して育てていかないと、悪事をはたらいてしまう。したがって性善説とは、**人間は本来、善人になる種を持っている**という思想なのです。

また孟子は、人間の社会には、親子関係、上下関係、夫婦関係、兄弟関係、友人関係の五つの関係に対応して、親(父子間の親愛)、義(君臣間の正義)、別(夫婦間の区別・役割)、序(長幼の順序)、信(友人間の信頼)という五つの倫理が存在しており、それが動物と人間社会

四端と四徳

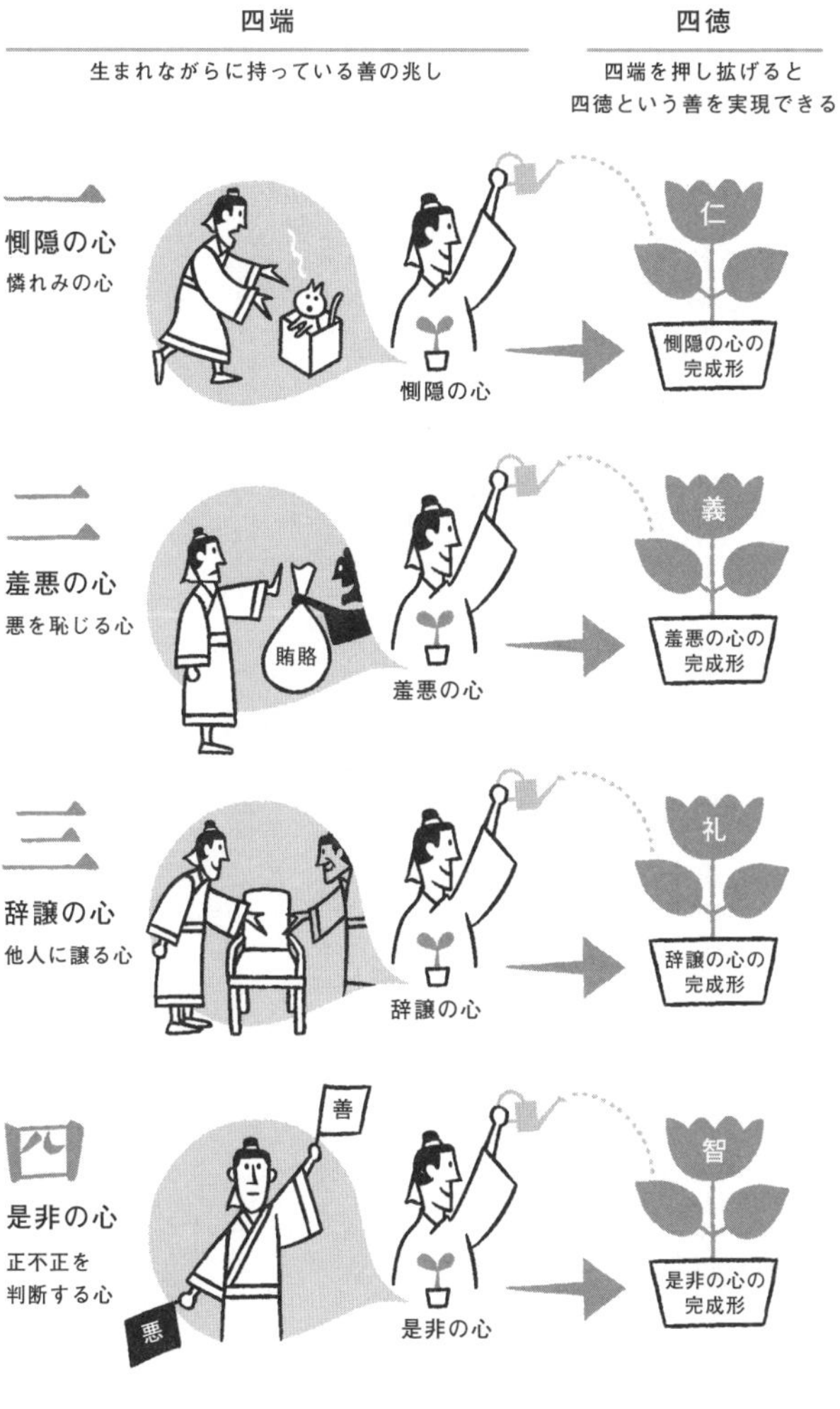

四端
生まれながらに持っている善の兆し
四徳
四端を押し拡げると
四徳という善を実現できる
一
惻隠の心
憐れみの心
惻隠の心
仁
惻隠の心の
完成形
二
羞悪の心
悪を恥じる心
賄賂
羞悪の心
義
羞悪の心の
完成形
三
辞譲の心
他人に譲る心
辞譲の心
礼
辞譲の心の
完成形
四
是非の心
正不正を
判断する心
善
悪
是非の心
智
是非の心の
完成形

の違いだと説きます。この五つの倫理は明の時代に**五倫**《ごりん》と呼ばれるようになり、儒教道徳の基本となっていきました。

王道政治――天の意志は民の意志

ここからは、戦国時代の諸侯が関心を寄せる政治や統治について、孟子がどのような議論を展開したのかを見ていきましょう。

孟子は、力で支配する覇道《はどう》政治や利益優先の政治を退け、孔子の徳治主義を継承した**「王道」の政治**を説きました。王道とは、仁義（思いやりや正義）にもとづいて、民衆の幸福を第一に考える政治のことです。孟子は、道徳のなかでもとくに仁と義の結びつきを重視しました。

『孟子』の冒頭では、仁義を備えた者には、民衆が自然と帰順するようになることが説かれています。とはいえ、一気に全民衆を教化することはできません。王道政治の要諦《ようてい》は、身近な肉親を大事にすることから始め、その思いやりを遠くの見知らぬ他者にまで押し広げていくことにあります。孟子の遊説が功を奏すことがなかったのは、こうした理想主義ゆえかもしれません。

民衆第一の政治を説く孟子は、天の意志は民衆の意志として表れると考えます。王道政治に従えば、徳を失った王を民衆が支持することはありません。したがって、そういった王は、王である資格を失っており、討伐《とうばつ》されるのが天命（天の意志）だと説きました。

王朝の交代を天命と考えることを**「易姓革命《えきせいかくめい》」**（**天命が革《あらた》まって、天子の姓が易《か》わること**）といいます。この考え方じたいは、孟子以前からありましたが、それを王道政治と結びつけ、不徳の王の討伐や追放を肯定した点に、孟子の独創があるといえるでしょう。『孟子』（梁恵王《りょうけいおう》下）では、夏王朝の暴君桀王《けつおう》を殷の湯王《とうおう》が追放したことと、殷王朝の暴君紂王《ちゅうおう》を周の武王が討伐したことが正当化されています。これを**「湯武放伐《とうぶほうばつ》」**と呼びます。

性悪説ゆえの礼治主義

続けて、性悪説を唱えた**荀子**（前二九八ころ～前二三五ころ、諸説あり）の思想を見ていきましょう。

問9　**聖人と小人のあり方について書かれた次の荀子の文章を読み、その内容の説明として最も適当なものを、❶～❹のうちから一つ選べ。**

およそ人間の性（性質）について言えば、あの聖天子の堯《ぎょう》や禹《う》も、暴君の桀《けつ》や大盗賊の盗跖《とうせき》*とその性は同じであり、優れた君子も、つまらない小人とその性は同じである。今、仮に礼義（社会規範）や作為の集積が人間の生まれつきの性にそなわっているものとしてみよう。それならば、またどうして聖天子の堯や禹を尊重する理由があろうか。どうして君子を尊重する理由があろうか。そもそも堯や禹やまた一般の君子を尊重するわけは、彼らがその生まれつきの性を変えて後天的な作為を起こし、その作為が起こされた結果として礼義をつくることができたからである。……人間の性の善さというのは後天的なしわざの結果である。

（『荀子』より）

*聖天子の堯や……大盗賊の盗跖：いずれも孔子以前に存在したとされる人物

❶優れた君子にもつまらない小人にも、あらかじめ礼儀や作為が性にそなわっており、小人でも生まれつきの性を善に変えることができる。

❷私たちが堯や禹を尊重する理由は、彼らの性が小人とは異なっていたからであり、

彼らは小人の性を善に変える礼義をつくることができた。

❸優れた君子もつまらない小人も、生まれつきの性は変わり得ないので、性の悪を抑えるために、礼義や作為が後からつくられた。

❹私たちが堯や禹を尊重する理由は、彼らが生まれつきの性を後から善へと変えて、礼義をつくることができたからである。

（二〇一八年・センター本試験　第2問・問3）

高校倫理の教科書では、孟子に比べて存在感の薄い荀子ですが、著作である『荀子』は、諸子百家を総点検しながら持論を展開した書であり、**当時の諸思想の到達点**として位置づけられるものです。

孟子と荀子は数十年という年齢の開きがあり、荀子が生きたのは戦国時代のほんとうの末期、秦が前二二一年の中国統一へ向けて、歩を進めていた時代でした。

彼の有名な**性悪説**は、「人の性は悪にして其の善なる者は偽なり（人間の本性は悪であり、その善は作為によるものである）」という一節から始まります（「性悪篇」、斎藤訳、原文は金谷治訳注、『荀子』岩波文庫、一八九頁）。

なぜ人間の本性は悪なのか。それは、人間には生まれながらにして利益を求め、欲望に従う傾向があるからです。荀子の考える「性（本性）」とは、空腹になったらご飯を食べたい、疲れたら休みたいといったことを指します。しかし人間は、自分よりも他人の食事や休息を優先させることもある。**これは本性ではなく、後から学んでいくものだ**と荀子は考えるのです。

そこで重要になるのが「**礼**」です。孟子が仁と義を結びつけて「仁義」を強調したのに対して、荀子は礼と義を結びつけた「**礼義**」の重要性を説きました。

荀子によれば、儒家が手本とする昔の聖人君主は、努力をして礼や義をつくりだしたからこそ、民衆は規範を身につけ、秩序のある統治をおこなうことができたといいます。それゆえ**礼にもとづく政治（礼治《れいち》主義）**を回復することを、荀子は求めたのです。

天と人とは切り離されている

以上をふまえると、性善説と性悪説は、私たちが思うほど正反対の思想ではありません。両者はどちらも、**人間の努力を要請する点では共通しています**。ただ、その出発点となる認識は逆向きでした。このことは、天と人との関係についてもいえます。

先ほど説明したように、**孟子の性善説や王道政治は、天と人との関係を結びつけようとするものです。**なぜなら性善説は、天から与えられた人間の本性に道徳の萌芽《ほうが》を埋め込む思想であり、王道政治は、天の意志と民衆の意志を結びつける思想だからです。

それに対して**荀子の性悪説は、天の領分と人の領分を明確に切り分けることが前提です。**出発点が悪である以上、人間的な向上に天が介在する余地はないからです。

実際、性悪説以外でも、荀子は天と人との分離を強調しています。たとえば「天論篇」という章では、天の運行がどうあっても、人間が備えや節約を怠らなければ、貧困や病気から免れると説明しています。逆もまたしかりで、天がどうであれ、乱れた生活を送れば、豊かにはなれないわけです。

荀子は荘子について、「荘子は天に蔽《おお》われて人を知らず（荘子は天一辺倒で、人間の領分を知らない）」（「解蔽篇」、斎藤訳、原文は同前、一四一～一四二頁）と評しています。老子や荘子をはじめとする道家の思想は、できるかぎり人為を廃して、天や道との一体化を理想とするものでした。そこでは、人間的な努力さえ、天や道を損なうものとして退けられました。

それに異を唱えた荀子は、**人間的な努力を信頼した思想家**でした。そして、人は誰でも努力をして学問に励み、礼義を体得すれば、聖人に到達できると力説します。『荀子』の冒頭「勧学篇」では、文字通り「学問のすすめ」が説かれているのです。

解答と解説

問8は、本節の解説に照らせば容易でしょう。正解は❷です。❶は「仁という心」「智という心」がそれぞれ「惻隠の心」「是非の心」の誤りです。また、後半の「このように……実現できる」も誤っています。四端は出発点であり、拡充しないと善は実現できません。❸は「この四端を矯正していき」が誤り。四端の拡充には、悪いところを矯正するという意味は含まれません。❹の前半は❶を参照。後半は、「惻隠や辞譲といった四徳」が誤り。惻隠も辞譲も四端であり、仁や智が四徳です。

問9の引用文も、本節の性悪説の解説を読むと理解しやすいはずです。❶❸はそれぞれ「あらかじめ礼儀や作為が性にそなわっており」「生まれつきの性は変わり得ないので」が誤り。礼儀や作為は後天的なものです。❷は「私たちが堯や禹を尊重する理由は、彼らの性が小人とは異なっていたからであり」が誤り。引用文では、堯や禹も小人も「その性は同じである」と書かれています。よって正解は❹。

2-4

仏教、道教に負けてなるものか

朱子学の「性即理」と陽明学の「心即理」

孔子に始まる儒教の流れは、中国内のみならず東アジア全体に大きな影響を与えました。本節ではそのなかでも、とくに後世に顕著な影響をおよぼした朱子学と陽明学を扱います。引用したセンター試験の問題は、朱子学の修養方法をわかりやすく説明したものです。なぜ朱子は、こういった修養方法を説くに至ったのか。その背景も考えながら、まずは朱子学の思想から見ていくことにしましょう。

問10　**次の文章中の空欄に入れるのに最も適当なものを、❶〜❹のうちから一つ選べ。**

朱子は万物の根拠を天の理とし、同じ理が人間の本性として内在しているとする。そして理への畏敬《いけい》によって身を慎み、理を窮めて知をつくすことこそ修養の根本であると考える。その理を窮める方法として、朱子は［　　］を提唱した。

❶善悪を直観する生得の能力を第一の指針とすること。
❷一瞬一瞬に全生命をかけて全宇宙の理を悟ること。
❸己《おのれ》を虚にして身も心も天地自然と一体になること。
❹事物の本来のあり方を一つ一つ探求すること。

（一九九三年・センター本試験　第1問・問1）

三教、並び立つ

最初に、諸子百家が活躍した春秋戦国時代以降の中国思想を概観しておきます。

前二二一年、群雄割拠の春秋戦国時代を制して秦が中国を統一します。秦では、法家《ほうか》の法治主義が採用されました。法家とは、法律や刑罰で社会を治める法治主義を説いた学派で、その中心人物である**韓非**《かんぴ》（？～前二三三）や**李斯**《りし》（？～前二〇八）は、もともと荀子の門下生でした。

しかし、わずか二〇年足らずで秦は崩壊し、前二〇二年から漢王朝（前漢）が始まります

（〜後八年）。そして、漢の七代皇帝である武帝（前一五六〜前八七）が統治のために利用したのが儒教でした。そのイデオローグである**董仲舒**《とうちゅうじょ》（前一七六ころ〜前一〇四ころ）は、荀子が切断した天と人とを再び結びつけて、皇帝権力の正統性を基礎づけました。すなわち、天の領分と人の領分は相関している（**天人相関説**）。したがって皇帝の権力は、天によって保証されることになるわけです。しかしその一方で、董仲舒によれば、自然の災異は失政の天罰として現れるといいます。悪い政治がおこなわれれば、天は災異を出現させる。ここには天人相関説によって、皇帝の権力にブレーキをかける思想もうかがえます。

以降、儒教は次第に統治の理念として皇帝権力に浸透していきます。

とはいえ中国思想は、儒教一本槍だったわけではありません。後漢（二五〜二二〇年）になると、インドからシルクロードを伝わって仏教が入ってきます。また、仏教が刺激となって、さまざまな民間信仰や道家の思想が融合した**道教**も形成されました。こうして後漢末期以降になると、**儒教、仏教、道教という三教が、相互に刺激と反発を繰り返しながら、中国思想をかたちづくっていく**のです。

世界は理と気からできている

国家の統治理念を担う儒教は、長らく字句の解釈に専念する訓詁学《くんこがく》が中心でした。しかし、仏教や道教の影響力が拡大するにつれ、儒教内部から新しい思潮が生まれていきます。時を経て、南宋の時代（一一二七〜一二七九年）に儒教は大きな到達点に達します。それこそが、**朱子**（本名である朱熹《しゅき》の尊称）（一一三〇〜一二〇〇）が打ち立てた**朱子学**でした。

なぜ、朱子学が巨大な到達点となったのか。すでに北宋の時代（九六〇〜一一二七年）に、周敦頤《しゅうとんい》（一〇一七〜七三）、程顥《ていこう》（一〇三二〜八五）、程頤《ていい》（一〇三三〜一一〇七）らが仏教や道教に対抗すべく、儒教に哲学的な基礎を与えようとしていました。**朱子はそれらの学説を総合して、儒教を壮大な形而上学に昇華させた**のです。

朱子の思想の柱となるものが**「理気《りき》（二元）論」**です。有名な一節を引用しましょう。

> 天地の間（のあらゆるもの）には、理と気があります。理は形而上の道であり、物を生じる根本です。気は形而下の器であり、物を生じる素材です。（「朱子文集」、荒木見悟訳、『世界の名著19　朱子　王陽明』中公バックス、一四二頁）

ここで述べられているように、朱子は世界のありかたを**理**と**気**から説明しています。理は**事物に内在する原理**であり、気は**事物の素材となるエネルギーのようなもの**です。注意したいのは、理や気は、自然法則と原子のように物体だけを説明する概念ではないということです。たとえば次に説明するように、道徳や感情のありかたもまた理と気から説明される。あるいは音楽でいえば、理とは音楽理論であり、気は個々の音となります。

朱子の考える心のしくみ——性即理

理気（二元）論は、当然人間にも適用されます。朱子は孟子の性善説を発展させるかたちで、人間の性（本性）には天から与えられた理が備わっていると考えました。これを「**性即理**」といいます。

孟子の場合、人間が悪をなすのは、四端を拡充できないことから説明されました（一〇六頁参照）。**朱子学では、これを性と情という心のしくみから説明します。**人間の心の性（本性）は理ですから完全な善です。しかし心は、善意も抱けば悪意も抱く。**この心の動きが情であり、情のありかたは気の清濁《せいだく》によって変わってくる**のです。

となると、理想的な人間（聖人）になるためには、気（情）をコントロールして、天の理と一体化することが必要です。その修養方法の要諦は「**居敬窮理**《きょけいきゅうり》」といわれますが、その意味は、冒頭のセンター試験の文章にある「理への畏敬によって身を慎み、理を窮めて知をつくすこと」です。

では、理を窮めるにはどうすればいいのでしょうか。

先述したように、理はあらゆる事物にいきわたっています。したがって、さまざまな事物の理を学んで知を完成させることが「窮理」にほかなりません。具体的には万巻の書に目を通して、知識を獲得することが理を窮める方法とされます。朱子によれば、人間の性に備わる理を知るためには、事物の理を学ばなければならないわけです。

さて、朱子は、『大学』にある有名な八条目「格物《かくぶつ》・致知《ちち》・誠意《せいい》・正心《せいしん》・修身《しゅうしん》・斉家《せいか》・治《ち》国《こく》・平天下《へいてんか》」をまとめたことでも知られています。

冒頭の「**格物致知**」とは先述した窮理の方法です。事物の理を学んで、知を完成させる。この格物致知を出発点として、「誠意・正心・修身」のように自己を修め、さらに家を斉《ととの》え、国を治め、天下を平《たい》らかにするという最終目標に向かっていく。この孔子の理想を、朱子は「**修己治人**《しゅうこちじん》**（己を修めて人を治める）**」という標語で示し、朱子学の実践理念としました。

朱子学から陽明学へ

朱子の教えは、元の時代に、**朱子学**という名の体制教学として確立されます。そして朱子の死からおよそ二七〇年後、明の時代（一三六八～一六四四年）に生まれたのが、陽明学の祖である**王陽明**（本名：王守仁《しゅじん》、一四七二～一五二八）です。

陽明学は、朱子学に対する批判から生まれた学派ですが、王陽明ももともとは朱子学を学んでいました。では、王陽明は朱子学をどのように批判したのか。それを問うセンター試験の問題を引用しましょう。

問11 明代の王陽明は朱子学を批判することによって独自の思想を打ち立てたといわれる。彼の朱子学批判の内容を説明した記述として最も適当なものを、次の❶～❹のうちから一つ選べ。

❶理を万物に内在する秩序原理として客観視することは、人間の心の本性である気を無視し、人間の感情的側面を不当に貶《おとし》めるものである。

❷理の重視は、もっぱら自己の心を重視することにもなり、それはこの世界の調和と

秩序をかえって破壊し、争いを招くもとになる。

❸理を万物に内在する秩序原理として客観視することは、本来相即《そうそく》している心と理とをことさらに分離し、対立させるものである。

❹理の重視は、理想的な統治を性急に追い求めるあまり、礼の形式を無視することになり、正しい君臣関係を見失わせてしまう。

（一九九八年・センター本試験　第2問・問3）

「心即理」とは何か

王陽明には有名なエピソードがあります。

彼は、朱子学の教えに従い、事物に理が備わっていることを確かめるため、庭の竹の「理」を「窮めよう」としました。しかしどれだけ竹と向き合っても、理を得ることはできず、ノイローゼになってしまったといいます。そこから陽明は、外の事物から理を学ぶという朱子の教えは、間違った修養方法だと考えるのです。

では、どこに理を求めればいいでしょうか。陽明の答えは「心」です。

陽明は、朱子のように心と性を区別することに意義を認めません。思想史家の小島毅さ

性即理と心即理

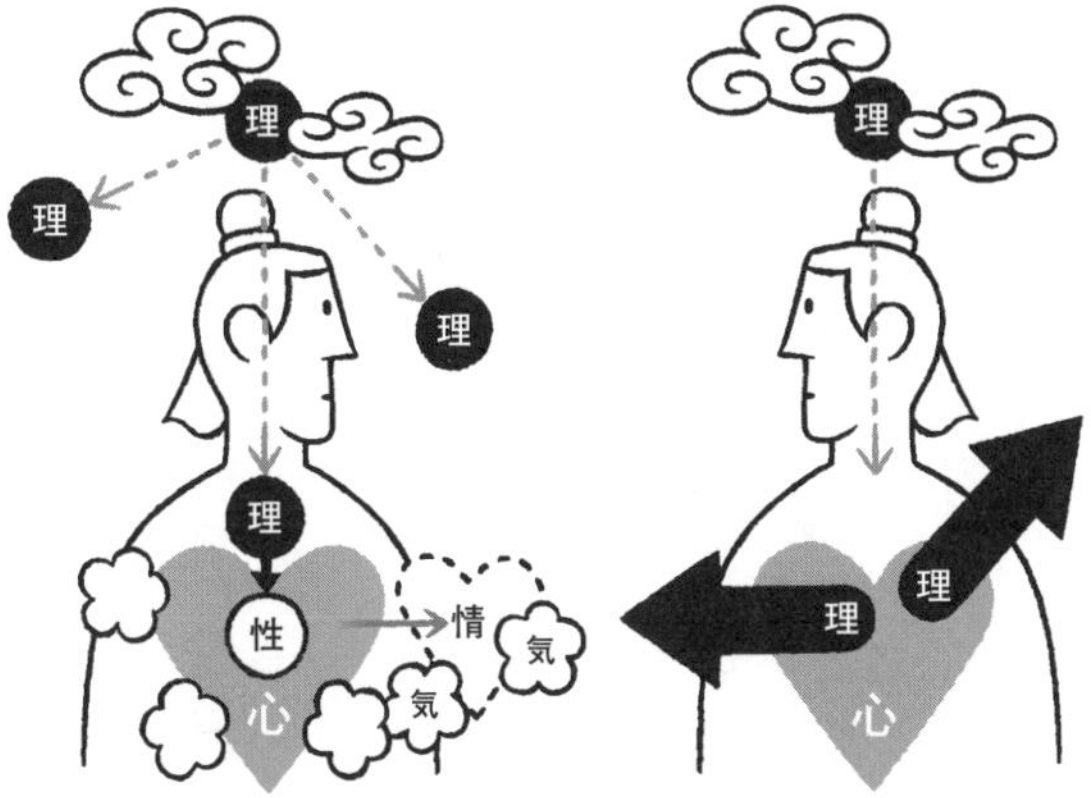

朱子学の性即理　　　陽明学の心即理

んは、王陽明の「心」を次のように解説しています。

心は性と情という別個の段階を統合するための名称なのではなく、性をそなえ情が動いている、まさしくその場のことを指す用語である。したがって、心と性との修養論上の区別も無意味となる。王守仁の考え方では、心が外物に感じて動く、その動きそのものの正しさが理なのである。（小島毅『朱子学と陽明学』ちくま学術文庫、九五頁）

つまり、朱子のいう「心」は性と情を統合するラベルのような概念ですが、陽明の

「心」とは、**その都度その都度の心の動きを指す概念**なのです。

さらに陽明は「心の外に事物はない」といいます。たとえば、どれだけ外の世界を眺めたところで「孝」の真理はわかりません。親孝行をしようと思う心の動きのなかに、「孝」の理は求められる。こういった**心の動きのなかにこそ理があることを**、陽明は**「心即理」**と呼びました。

王陽明の「格物致知」解釈

朱子と王陽明の違いが最も顕著にあらわれているのが「格物致知」の解釈です。

朱子はこの「格」を「至る」と解釈したのに対して、陽明は**「正す」**と解釈します。先述したように、朱子の「格物致知」は、個々の事物を窮め尽くして（完全に至って）知を完成させることですが、陽明の「格物致知」は、自分の外にある事物の理を探求することではありません。「物を格《ただ》す」とは、外に向かう心を正しくすることを意味します。したがって王陽明の考える格物致知は、心のありかたが焦点となり、道徳的な意味合いを強く帯びるのです。

しかし、心の動きに理を求めるとしても、心の動きを正しくするには、何が善で何が悪かを判断しなければなりません。その判断はどこでおこなわれるのでしょうか。

陽明によれば、その役割は「**良知**《りょうち》」という心の本体が担います。良知とは、孟子に由来する言葉で、人間が生まれながらに備えている正しい心のはたらきのこと。孟子を解説した際に挙げた四端に近いものです。

ただし陽明のいう良知は、その都度その都度の経験に即して善悪是非を判断する根源的な領域を指すものです。苦しい説明を承知でいえば、親に接する心の動きを、瞬時にして理にかなっているかどうかを判断するのが、良知という心の本体領域なのです。

ふつうに考えれば、なぜ良知はそういった判断ができるのかと再び問い返したくなりますが、陽明の定義上、良知は根源的な領域なので、さらに上位のモノサシは存在しません。いわば良知は、心に備わる理の「**瞬間判断装置**」です。そして良知は、経験や行動に即してはたらくのですから、一つひとつの行為とともに理も明らかになるのです。つまり、おこなうことと知ることは異なるものではなく、同じことです。これを陽明は「**知行合一**《ちこうごういつ》」と表現しました。

最後におさらいをしておきましょう。朱子学では、書物をよく読み、事物の理を窮めたのちに、心にある情を正しくコントロールできるようになると考えます。それに対して陽明学では、一つひとつの行動がそのまま心の理を明らかにしていくことになる。どちらも理を求める点では変わりませんが、陽明学に至って、**心の良知は世界全体を包み込むはたらきを持つことになるのです。**

解答と解説

問10　本節で解説したように、朱子はさまざまな事物の理を学ぶことが、理を窮めるために必要だと考えました。したがって正解は❹。❶は王陽明の良知、❷は問題作成者の創作、❸は道家の思想です。

問11　順番に選択肢を検討しましょう。❶は「人間の心の本性である気」が誤り。陽明学は、心の本性を気と考えてはいません。❷❹は、理の重視を否定的に捉えている点が誤り。朱子学も陽明学も理を求める点では変わりません。よって❸が正解。

❸に関して補足すると、王陽明にとって理とは心の動きに即して明らかになるものです。したがって、朱子のように事物に内在する理を求めようとすることは、理の客観視であり、心から切り離すことだと批判するのです。

Ⅲ 大乗仏教のイノベーターたち

——古代・中世の仏教思想

Ⅲ章関連年表

年代	主な出来事	主な人物
6世紀半ば	百済の聖明王、欽明天皇に仏像、経典を献上（仏教伝来）	
645年	大化改新	
710年	平城京遷都	
	神仏習合が起こる	
712年	古事記完成	
720年	日本書紀完成	
752年	東大寺大仏開眼供養	
788年	最澄、延暦寺を建立	最澄（767～822）
794年	平安京遷都	
	本地垂迹説の登場	
816年	空海、金剛峯寺を建立	空海（774～835）
		空也（903～72）
		源信（942～1017）
1156年	保元の乱	法然（1133～1212）
1159年	平治の乱	栄西（1141～1215）
1185年	守護・地頭の設置	親鸞（1173～1262）
1192年	源頼朝、征夷大将軍に任命	
1221年	承久の乱	道元（1200～53）
1274年	文永の役（元寇）	日蓮（1222～82）
1281年	弘安の役（元寇）	一遍（1239～89）
1333年	建武の新政（～1335年）	

本章からいよいよ日本思想に入ります。この章で扱うのは、古代の神信仰、そして中世までの仏教思想です。

日本の神信仰は、祭祀と深く結びついています。日本史をひもとくと、銅鐸《どうたく》や銅剣《どうけん》、銅《どう》矛《ほこ》といった青銅製の祭器の発掘から、すでに弥生時代には、豊作を祈願する祭祀がおこなわれていたと考えられています。さらに広域の政治連合であるヤマト政権が成立した古墳時代になると、国家的な規模で祭祀がおこなわれていたことを示す祭祀の遺物が出土しています。

こうした祭祀の遺物に加えて、八世紀に編纂されたとされる『古事記』や『日本書紀』『風土記』など、さまざまな文献の読解を通じて、神信仰あるいは神道《しんとう》の研究は進展してきました。現代の研究成果によれば、**日本の神は、特定の姿・形を持たず、どこからかやって来て、自然や動植物に取り憑《つ》き、不可思議な力を発揮するもの**、と考えられています。ですから、自然界のあらゆる事物に霊魂を認めるアニミズムとも異なります。

さらに六世紀に入って、朝鮮半島の百済《くだら》から仏教が入ってくると、**日本の神信仰は仏教と融合し、神仏習合《しんぶつしゅうごう》という独特の信仰形態へと変化しました**（3-1参照）。

他方で仏教は、奈良時代から国家を鎮護《ちんご》する役割を担い、国家の保護のもとで大きく発展していきます。しかしまだこの時代は、唐から入ってくる教学を消化するのに精一杯で、革新的な思想が生まれることはありませんでした。

そこに風穴を開けたのが、日本天台宗《てんだいしゅう》の祖・**最澄**《さいちょう》と真言宗《しんごんしゅう》の祖・**空海**《くうかい》です。二人はともに唐に渡って最新の仏教を学び、帰国後、新たな仏教基盤を日本に築きあげました。法華経に立脚した最澄の**一乗**《いちじょう》**思想**と、密教を深化させた空海の**即身成仏**《そくしんじょうぶつ》**思想**は、いずれも成仏という概念を拡張するものでした（3-2参照）。

平安時代中期から後期にかけては、**仏教衰退の時代に入ったという末法**《まっぽう》**思想を背景として、浄土信仰が席巻**《せっけん》**します**。浄土教では、念仏修行によって極楽浄土に往生すれば、必ず成仏できると説きます。諸国を遊行して、井戸掘りや無縁の死者の供養などをおこなった空也《くうや》（九〇三～七二）は、浄土信仰を庶民層にまで広めました。また、天台宗出身の源信《げんしん》（九四二～一〇一七）は『往生要集』のなかで、地獄の様子をつぶさに描写するとともに、念仏による極楽浄土への往生を説きました。

こうした下地のもとで、平安末期から鎌倉時代にかけて、ひたすら念仏修行に特化する独自の浄土教を築いたのが**法然**《ほうねん》とその弟子の**親鸞**《しんらん》です。法然は、末法の世では自力の修行による悟りは困難であり、**成仏するには阿弥陀仏**《あみだぶつ》**の他力**《たりき》**にすがるしかないと考えた**。親鸞は、法然の他力の思想を極点まで突きつめ、**絶対他力**を説きました。それを象徴するのが「善人なほもて往生をとぐ、いはんや悪人をや」という**悪人正機説**《あくにんしょうきせつ》です（3-3参照）。

一方、他力を批判し、座禅による自力での悟りを旨とするのが禅宗です。日本では、まず栄西《えいさい》が禅の本場である宋に学んで、臨済宗《りんざいしゅう》を伝えました。同じく宋にわたって禅を学んで曹洞宗《そうとうしゅう》を伝えた**道元**《どうげん》は、自らの修行実践を経て体得した仏教の真髄を『正法眼蔵《しょうぼうげんぞう》』という哲学的な著作に結実させました（3-4参照）。

最後に、本章で取りあげていない**日蓮**《にちれん》（一二二二～八二）について解説しておきます。法然、親鸞、栄西、道元と同様に、天台宗で修行を重ねた日蓮は、『法華経』こそ仏教の究極の教えであるとして、一二五三年に、**法華宗**（日蓮宗）を開きます。

日蓮は、「南無妙法蓮華経」（法華経を信じ従う）という題目を唱えることで、釈迦の功徳《くどく》のすべてにあずかることができる、すなわち成仏できると説きました。特筆すべきは、現世で**法華経にもとづいた「仏国土《ぶっこくど》」の建設をめざすこと**を強く主張した点です。こうした社会改革への意志を内蔵した日蓮宗の教義は、昭和期に入り、満州事変を起こした石原莞《かん》爾《じ》（一八八九～一九四九）、二・二六事件の主謀者とされる北一輝《いっき》（一八八三～一九三七）など、国家改造を求める超国家主義者のビジョンにも大きな影響を与えました。

3-1

そして、神と仏はまじりあった 古代日本の神信仰

本節のテーマは、古代日本の神信仰です。引用したセンター試験では、ずばり古代の日本人が信仰した神の特徴を問うています。

問12 日本の神話や伝承で示される神についての説明として最も適当なものを、次の❶～❹のうちから一つ選べ。

❶元来、神は特定の形をもつものではなく、人間に畏怖の念を抱かせるものや、人知を超えた不可思議な現象が神のあらわれとされた。

❷神は善事を行うだけでなく狼藉《ろうぜき》を働くこともあったが、神の狼藉は造物主としてのアマテラスによって裁かれると考えられた。

❸洪水や飢饉《ききん》、疫病《えきびょう》の流行といった災厄《さいやく》は神の祟《たた》りであり、祟りをなす神に対してはいかなる祭祀を行っても効果がないとされた。
❹神は人間の住む世界からは隔絶した他界に存在し、自然の秩序や人々の生活に関与することはないと考えられた。

（二〇一八年・センター本試験　第3問・問1）

本居宣長による「神」の定義

古代の日本人にとって、神とはどのような存在だったのでしょうか。

古代の人々の生活や思想を考えるうえでの文献的な資料となると、八世紀に編纂されたとされる『古事記』や『風土記』『日本書紀』『万葉集』が最も古いものです。このなかで『古事記』や『日本書紀』は、それぞれ性質こそ違えど、いずれも国家や天皇の正統性を確立するためにまとめられた歴史書という特徴を持っています。

これらの文献の読解や解釈、さらに考古学や民俗学などの蓄積から、古代の人々の神信仰が研究されていることを念頭に置いてください。

では、本題に入りましょう。日本の神を定義したものとして真っ先に挙げられるのは、後の節で解説する江戸後期の国学者、本居宣長《もとおりのりなが》（一七三〇〜一八〇一）の定義です。

凡《すべ》て迦微《かみ》とは、古御典等《いにしえのみふみども》に見えたる天地《あめつち》の諸《もろもろ》の神たちを始めて、其《そ》を祀《まつ》れる社《やしろ》に坐《いま》す御霊《みたま》をも申し、又人はさらにも云《いわ》ず、鳥獣《とりけもの》木草のたぐひ海山など、其余《そのほか》何にまれ、尋常《よのつね》ならずすぐれたる徳《こと》のありて、可畏《かしこ》き物を迦微とは云なり。すぐれたるとは、尊《たっと》きこと、善《よ》きこと功《いさお》しきことなどの、優《すぐ》れたるのみを云に非ず、悪《あし》きもの奇《あや》しきものなども、よにすぐれて可畏きをば、神と云なり。（「古事記伝 三之巻」、『本居宣長全集』第九巻、筑摩書房、一二五頁）

宣長によれば、日本の神は、『古事記』などに登場するさまざまな自然の神をはじめ、神社に祀られている霊もそうだし、人はいうまでもなく、鳥獣木草や海山、そのほか何でも普通ではなく「すぐれた徳」があって、畏怖すべきものだといいます。続けて、善いものだけでなく、悪いもの、あやしいものなども、畏怖すべきものに入ると説明しています。簡潔でわかりやすい定義であり、現代でも日本の神の性格を示す例として頻繁に紹介される定義です。宣長が指摘するように、日本ではじつにさまざまな事物に神が宿ります。

八百万神《やおよろずのかみ》といわれるように、古代の人々は、自然現象や動植物のうちに神々の力を見いだしました。ここは、唯一神を信仰する一神教とは大きく異なる点です。

ただし、現代の通説では、宣長のように個々の「物」そのものを神とは捉えません。これまでのさまざまな研究が教えるところでは、**日本の神は具体的な姿形を持たず、どこからかやって来て去っていくもの**と考えるからです。

お祭りは「祟る神」を鎮めるもの

神は定まった形はなく、どこからかやって来て、自然や動植物に取り憑き、不可思議な力を発揮する。それを示すのが「**祟り**」という考えかたです。

「祟り」は、もともと神が立ち現れることを意味する古語です。古代の人々は、水害や風害、飢饉、疫病のような天災や自然の暴威を、神の祟りと考えました。彼らにとって、神とはまずもって、**災厄をもたらす恐ろしい存在**だったわけです。

この荒ぶる神の力を鎮《しず》める儀式が「**祭祀**」です。祭祀では依《よ》り代《しろ》を設けて、神を招き寄せます。山や岩、樹木などが典型です。ちなみに、この依り代がのちに仏教の影響を受けて、神社建築へと発展していきました。ですから原初の祭祀には、神社はありませんでした。

　招いた神に対しては、神意を推し量って、神の要求に適うように音曲や舞、酒食をささげてもてなす。そうやって神の荒ぶる力を和《やわ》らげれば、豊穣《ほうじょう》や安穏《あんのん》がもたらされると期待されたわけです。

　たとえば『山城国風土記』には、以下のようなエピソードが記されています。欽明《きんめい》天皇の時代に、暴風雨が続いて、人々が嘆いていた。天皇が占いをさせたところ、暴風雨は「賀茂《かも》の神の祟り」であることが判明しました。そこで四月の吉日を選んでお祭りをしたところ、五穀《ごこく》が実り、天下は豊かで平安になった――。

　こうした祟りを鎮めるための祭祀は、次

「祟り」という考えかた

もともと、日本の神に定まった形はなく、
どこからかやって来て自然や動植物に取り憑き、不可思議な力を発揮した

第に定期的な儀式として定着していきました。それにしたがって、大きな災いをもたらす神の力は、反面、**豊かさや恵みをもたらす力**としても理解されるようになっていったのです。

大正・昭和期の民俗学者である折口信夫《おりくちしのぶ》(一八八七〜一九五三)は、このような神の原型を**「まれびと」**と表現しました。まれびととは「客人」と「稀人」をあわせ持つような意です。折口によれば、まれびとは、海の彼方の他界から村落共同体を訪れ、人々に恵みを与えて去っていくといいます。しかしその一方で、神々の住む理想郷である常世国《とこよのくに》は、元来は死者が住み災厄に満ちた常夜《とこよ》国と考えられていたとも説明しています。

神は祀られると同時に自らも祀る

ここで『古事記』や『日本書紀』に描かれる神話に目を向けてみましょう。これらの神話には、日本の国土を生んだイザナギの命《みこと》とイザナミの命、『古事記』によれば、イザナギから生まれた皇祖神のアマテラス大神《おおみかみ》(天照大神)、その弟であるスサノヲの命など、「八百万神」と呼ばれる多くの神々が登場します。

注目すべきは、こうした神々が、神話のなかでまた別の神を祀っていることです。第V

章で紹介する倫理学者の和辻哲郎《わつじてつろう》（一八八九〜一九六〇）は、次のように述べています。

> 神代史において最も活躍している人格的な神々は、後に一定の神社において祀られる神であるにかかわらず、不定の神に対する媒介者、すなわち神命の通路、としての性格を持っている。それらは祀られるとともにまた自ら祀る神なのである。（和辻哲郎『日本倫理思想史（一）』岩波文庫、九一頁）

こうした神話に登場する**「祀られるとともにまた自ら祀る神」**は、先述した祟る神とはずいぶん位相が違います。そこに着目して、祀る神は、優秀な祭祀者（祭祀を実行する者）を神格化した存在と解釈する研究者もいます。

たしかにそう考えると、『日本書紀』や『古事記』が、天皇（大王）をアマテラス大神の子孫として位置づけていることもよくわかります。高天原《たかまがはら》という天上の世界を統括するアマテラス大神は、他の神々から祀られると同時に、自分もまた別の神を祀る神として描かれています。いわば祭祀者である神々の頂点に立つのがアマテラス大神ですから、その子孫と位置づけられる天皇もまた、人々のために祭祀を実行することが重要な務めとされたのでしょう。

祭祀の重要な儀礼の一つとして、禊《みそぎ》があります。禊とは、水を使って穢《けが》れを取り除くこと。現在でも、神社に参拝する前に手水舎《ちょうずや》で手や口を清める風習をはじめ、多くの民間行事に、禊のなごりを見ることができます。

『古事記』では、日本の国土を生んだイザナギの命とイザナミの命のうち、イザナミは火の神を生んだせいで命を落とし、暗くて汚い黄泉《よみ》の国へと行くことになります。イザナギはイザナミの後を追いますが、黄泉の国でイザナミの腐った姿を見て逃げ出してしまう。命からがらこの世に逃げ帰ったイザナギは、川の水で禊をして、死の穢れを清めるのです。

神仏習合から本地垂迹説へ

ここまで見てきたように、古代日本の神といっても、祟り神に代表されるような、外からやって来る神もいれば、祭祀者が神格化されて祀られる神もいます。

そして奈良時代になると、さらに神は新たな変容を遂げることになります。それが「**神仏習合**」と呼ばれる現象です。

仏教については次節以降でくわしく解説していきますが、奈良時代の仏教は、**その力で**

国家を護《まも》る鎮護国家の教えとして発展していきました。そして奈良から平安時代にかけて、**神信仰と仏に対する信仰が融合していきます。**これを神仏習合といいます。

では、なぜこうした現象が起きたのでしょうか。その理由は、仏教の教説の影響によって、**神もまた人間と同じように苦しむ存在と捉えられた**からだと考えられています。

たとえば、こんな説話があります。八世紀初頭に若狭《わかさ》（現在の福井県西部）で疫病が発生した折、神が神社の神主に、「自分は苦悩が深いので、仏法に帰依《きえ》して神の身から離れたいのに、願いが叶わず災害をもたらしてしまっている」と告げます。神主は神のために仏像をつくり、読経をして修行したところ、疫病は収まり収穫にも恵まれた。

このように、苦しみから脱したいと願う神のために、神前で読経がおこなわれるようになり、神に対して仏教の儀礼をおこなう神宮寺《じんぐうじ》が、神社に併設されて建てられるようになりました。

ここではまだ神と仏は区別されていますが、平安時代になると、仏がさまざまな姿に化身するという仏教理論の影響とあいまって、神は仏の仮の姿であるとする**本地垂迹説**《ほんじすいじゃくせつ》が登場します。本地とは「ほんとうの姿」、垂迹とは迹《あと》を垂《た》れる、すなわち「移動する」ということ。「ほんとうの神が姿を変えて移動し、仮のかたちで現れた」という意味になります。

その結果、たとえばアマテラス大神は大日如来《だいにちにょらい》の仮の姿、八幡神《はちまんしん》は阿弥陀如来の仮の姿だとされ、八幡大菩薩のように八幡神が僧の姿となった像もつくられました。

紙数の都合もあり、中世以降の神信仰の変容は省きますが、神仏習合は中世、近世を通じて、日本人の基本的な信仰形態として根づいていきます。このおおらかともいえる信仰を切り離してしまったのが、明治政府が一八六八年に発布した**神仏分離令**です。そのもとで廃仏毀釈《はいぶつきしゃく》運動が起こり、全国で多くの寺院や仏像、仏具が破壊されてしまいました。

解答と解説

本節の解説を読めば、解答は容易でしょう。❷は「造物主としてのアマテラス」が誤り。アマテラスは、一神教の唯一神のような造物主ではありません。❸は「祟りをなす神に対してはいかなる祭祀を行っても効果がないとされた」が誤り。効果があると考えたからこそ、祭祀がおこなわれたのです。❹も誤り。古代日本の神々は「自然の秩序や人々の生活に関与」します。正解は❶です。あらためて❶の文章を読み、古代の神の性質を確認してください。

3-2

平安の世に仏教イノベーターが現れた

最澄と空海の思想

本節からいよいよ日本仏教の革新者に登場してもらいます。最初に登場願うのは、平安仏教の双璧をなす**最澄**（七六七～八二二）と**空海**（七七四～八三五）です。まず最澄に関するセンター試験の問題を引用しましょう。

問13 平安時代初期、仏教における学びの意義や方法を確立しようとした人物の一人として、最澄がいる。最澄についての説明として最も適当なものを、次の❶～❹のうちから一つ選べ。

❶仏教の力によって国家の安泰をはかる鎮護国家の考え方を否定し、世俗を離れた奥山での学問と修行を重んじた。

❷各人の能力や資質によって到達できる悟りに違いがある、とする考え方を批判し、生あるものは等しく成仏し得る、と説いた。
❸大乗菩薩戒を受けた者を官僧とするそれまでの制度を否定し、鑑真《がんじん》が伝えた正式な授戒儀式に立ち戻るべきだと主張した。
❹入唐して天台の奥義・禅・密教を学び、帰国後、これらを総合した日本天台宗の教えを、主著『三教指帰《さんごうしいき》』によって示した。

（二〇一五年・センター本試験　第3問・問2）

古代の日本仏教

最初に、最澄と空海以前の日本仏教の流れを概観しておきましょう。

『日本書紀』などの文献によれば、日本に仏教が公式に伝わったのは、六世紀中葉、欽明《きんめい》天皇の時代だとされています。『日本書紀』には、百済の聖明王《せいめいおう》から天皇にピカピカの金の仏像や経典が贈られ、天皇がたいへんに喜んだことが記されています。

第Ⅰ章で見たように、日本に伝わった仏教は、インドから中国・朝鮮半島を経て入ってきた大乗仏教です。六世紀半ばの中国では、仏教がすでに定着していて、経典の整理や研究がさかんにおこなわれていました。

一方、仏教伝来当初の日本では、仏は「蕃神《あだしくにのかみ》」と呼ばれて、外来の神として祀られました。ピカピカの仏像によって示される仏は、非常に強力なパワーを持った神であり、僧侶は祭祀の実行者だったのです。

現世利益《げんせりやく》のための呪術という側面が強かった仏教を、教義の理解という水準に高めた最初の立役者はごぞんじ聖徳太子（厩戸皇子《うまやどのみこ》）です。聖徳太子の実在については疑義が提出されていますが、ここではそれは問わないことにしましょう。聖徳太子といえば仏教や儒教の教えにもとづいて役人の心得を示した十七条憲法が有名。彼が高い水準で仏教を理解していたことは、彼が遺《のこ》したといわれる**「世間虚仮《せけんこけ》、唯仏是真《ゆいぶつぜしん》」**という言葉からもうかがえます。この世のすべては仮のもの、仏の教えだけが正しい、という意味です。

しかし前節でもすこし触れたように、古代日本の仏教は、仏教の力によって国を護ろうという鎮護国家の思想が中心でした。国を護るための仏教という点は、最澄も空海も引き継いでいますが、**二人はそれまでにない新たな思想を仏教に吹き込んだ**のです。

三乗か一乗か?

最澄と空海は、いずれも山岳で修行をしたのち、八〇四年という同じ年に唐に入って仏教を学びました。最澄が唐で学んだのは、**中国の天台智顗《ちぎ》**(五三八〜九七)**を開祖とする天台宗の教学**、そして**禅や密教**です。

天台宗の教えは、大乗仏教の経典『法華経』にもとづいています。大乗仏教がブッダを神格化した点はすでに説明しましたが、『法華経』では、現実の釈迦は、はるかな過去にすでに悟りを開き、永遠の生命を持つブッダ(久遠《くおん》の本仏)が、この世で教えを説くために仮に現れた姿だとされます。

最澄は、比叡山に**延暦寺**《えんりゃくじ》を建立《こんりゅう》し、法華経に依拠した日本天台宗を開きます。最澄が確立した天台思想のなかでも根本教理とされるのが「**一乗思想**」と呼ばれるものです。そしてこの一乗思想をめぐって、最澄と法相宗《ほっそうしゅう》の徳一《とくいつ》(七六〇?〜八三五?)とのあいだに大論争が繰り広げられました。

法相宗は、従来の大乗仏教の通説にしたがって、悟りへの道のりをランク分けします。簡単にいうと、①釈迦の教えを聞いて悟る(声聞乗《しょうもんじょう》)、②単独で修行して悟る(独覚乗《どっかくじょう》)、③菩薩として利他行を実践して悟る(菩薩乗《ぼさつじょう》)という三種類に分け、①と②は自分の悟りしか考えない小乗仏教の悟りかたなので、完全なブッダの境地に達することはできないと考える。つまり、菩薩として他人の成仏に力を尽くして悟りを開く③こそが、完全な悟りへの道のりだとするのです。これを**三乗《さんじょう》思想**といいます。「乗」とは、悟るための乗りものという意味です。加えて法相宗では、①〜③のどこかに入る人と、①〜③のどれにも入らない人が先天的に決まっていると考えました。

それに対して最澄は、『法華経』の教えにもとづいて、三乗の教えはいろいろな人間を教えに導くための仏の方便であって、ほんとうは、**あらゆる衆生はひとしく仏性《ぶっしょう》（成仏できる可能性）を持っている**という一乗思想を展開したのです。

徳一は徳一で、法華経の一乗思想のほうこそ悟れない人のための方便だと最澄を批判します。たいていの論争がそうであるように、この論争じたいは決着がつきませんでしたが、平安以降の日本の仏教では一乗思想が主流になっていきました。

延暦寺、公式修行センターとなる

あらゆる衆生が仏になれる可能性を持つことは、大乗経典の一つである『涅槃経《ねはんぎょう》』のなかで「**一切衆生悉有仏性《いっさいしゅじょうしつうぶっしょう》**」と表現されています。したがって、一乗思想そのものは最澄の独創ではありません。日本の仏教史のなかで、最澄の独自性が表れている取り組みとして、**出家戒律《かいりつ》のルールを大きく修正した点**が挙げられます。

仏教の出家者は、教団の共同生活を律するためにブッダが明文化した出家戒律を守ることが義務づけられます。その数や内容は部派によって若干違いますが、中国仏教で重視された『四分律《しぶんりつ》』という戒律経典には、比丘《びく》（男性出家者）は二五〇項目、比丘尼《びくに》（女性出家者）は三四八項目の出家戒律があり、これを「戒壇《かいだん》」という教団の議事堂で授けられてはじめて、出家者として認定されたのです。これを「**具足戒《ぐそくかい》**」といいます。

一方、大乗教団の出家者は、具足戒に加えて「**大乗戒《だいじょうかい》**」という大乗仏教独自の戒律を守ることが求められました。大乗戒とは、菩薩道を実践する、出家者と在家信者の両方が守る共通ルールなので、具足戒より量も少なく、一〇の重い戒めと四八の軽い戒めから構成されています。

最澄がおこなったルール変更とは、具足戒は小乗であると切り捨て、**大乗戒だけで出家を認める**というものです。これは他国の大乗教団には見られない、日本に特異なルール変更といえます。ふつうに考えると、出家者と在家信者共通のルールを用いて出家者を認定するのは、具合が悪いように思えます。でも最澄はそれを強く訴えました。そして自身が建立した比叡山延暦寺に、新しい戒壇を設けることの許可を国から得て、自前で修行僧を教育できる体制を整えたのです（正確には、没後七日目に許可が下りました）。

それまでの日本では、国家が直接統制する国立の戒壇を通じてしか正式な出家は認められていませんでした。しかし最澄は、国のお墨つきのもと、延暦寺を公式の修行センターにすることができた。そして次節以降で見るように、この**延暦寺が鎌倉新仏教の担い手を生みだしていく**のです。

密教と顕教の違い

続けて、空海の思想を見ていきましょう。空海が唐で学んだのは**真言密教**と呼ばれるものです。帰国後、高野山に金剛峯寺《こんごうぶじ》を建て、**真言宗**を開きました。

まずはセンター試験の引用から。

問14　**空海の説いた真言密教の説明として最も適当なものを、次の❶〜❹のうちから一つ選べ。**

❶穢土《えど》と呼ばれるこの世にありながらも、仏典の題目を唱えることにより、衆生を救おうとする永遠不変の大日如来のはたらきで、誰もが救われる仏国土が実現する。
❷衆生には、生まれつき仏と関わりのない者がおり、たとえ宇宙の真理そのものである大日如来の教えに与《あずか》ることができたとしても、そうした者は悟りを得ることができない。
❸手に印契《いんげい》を結び、神聖な言葉を唱え、心に仏を観ずるという三密《さんみつ》の修行を行うことによって、大日如来と一体になり、この身のままで仏になることができる。
❹大日如来が説いた秘密の教えは、個人の修行によっては理解できないものであるため、仏の世界を図示した曼荼羅《まんだら》の絵解きを受けることにより、人は悟りへと導かれる。

（二〇一六年・センター追試験　第3問・問2）

密教は、他の大乗仏教と比べて成立は遅く、およそ五〜七世紀ころと目されています。その教えも他の大乗仏教と比べるとかなり異質で、ウパニシャッド哲学で説明した梵我一如（二九頁参照）に近い発想からできています。

具体的に説明しましょう。密教の中心的な経典である『大日経《だいにちきょう》』と『金剛頂経《こんごうちょうきょう》』では、牛身のガウタマ・ブッダではなく、**ブッダの説く真理そのものを身体とする大日如来が、それを理解できる限られた人間に対して、密かに「真言（ほんとうの真理）」を授ける**という体裁になっています。つまり、ここでは真理の教えそのものがブラフマンのように神格化されているのです。

密教は、**顕教《けんきょう》**に対する言葉です。密教の立場からは、顕教すなわち密教以外のさまざまな経典の教えは、言葉を用いて、言葉を超えた悟りの境地へ導くものだと説明されます。しかし、そこでの言葉は露払いのようなもので、悟りの境地そのものではありません。対して密教は、**悟りの境地そのものを言葉でダイレクトに表し伝える**ものだといいます。

なお、最澄も密教を学んでいますが、それは帰国間際にかじった程度でした。対して空海は、中国の著名な密教僧である恵果《けいか》（七四六〜八〇五）に学び、その後継者と認められました。したがって空海が体系化して説いた真言密教は、**密教の集大成**として位置づけられるものだといえるでしょう。

即身成仏とは何か

空海が説いた真言密教の教えのなかで、最も重要な考えかたは**「即身成仏」**といわれるものです。顕教では、無限ともいえる時間のなかで何度も輪廻を繰り返した末に、成仏できる（悟れる）と考えます。対して密教は、**三《さん》密《みつ》修行**によって、**この身のままで仏になることができる**という即身成仏の思想を説きました。

三密修行とはどういうことでしょうか。

三密の「三」とは、身《しん》（身体）・口《く》（言葉）・意（思い）のことです。空海によれば、大日如来は、万物の構成要素である六大《ろくだい》、すなわち地・水・火・風・空・識として展開されているといいます。そして人間もまた、六大から生まれたものです。

したがって、大日如来と人間はかけ離れた別物ではなく、**修行によって合一できること**になります。では、どうすれば大日如来と合一できるのか。具体的には、手に印契を結び（身）、真言を唱え（口）、瞑想のなかで大日如来を念じる（意）ことです。

この三密修行によって、**大日如来の身・口・意が修行者の身・口・意に合一し、現世においてその身のまま成仏できる**と説くのです。

このように、人間と大日如来の合一を説く即身成仏の教えは、ブラフマンとアートマンの合一を説く梵我一如の思想と非常によく似ています。

曼荼羅は何を意味するのか

いま述べたように、大日如来はあらゆる現象の根源ですから、他の仏や菩薩も大日如来に包摂されます。それを図像で表したのが**曼荼羅**です。曼荼羅の中心には大日如来が位置し、そのまわりに、さまざまな仏や菩薩、神、悪鬼が配置されています。

天台宗の一乗思想もそうだったように、真言密教もまた**さまざまな教えを包摂すること**に重きが置かれています。実際、空海は著作のなかで、さまざまな教えを体系的に整理しました。たとえば、入唐前に書いた『三教指帰』は、対話を通じて、儒教、道教に対する仏教の優越性を説くものです。また『十住心論《じゅうじゅうしんろん》』『秘蔵宝鑰《ひぞうほうやく》』では、心の段階を一〇に分け、それに合わせてさまざまな仏教の教えを位置づけていきます。

『秘蔵宝鑰』は、さながら非常によくできた仏教の学参のようで、仏教学者の吉村均さんは「『秘蔵宝鑰』では、普通なら十数年から二十年をかけて、ようやく理解できる仏教の全体像を、空海の理解に基づいて、一望のもとにすることができます」（吉村均『空海に学ぶ仏教入門』ちくま新書、一四頁）と評しています。

胎蔵界曼荼羅（奈良国立博物館蔵）

ある意味で、包摂競争のような性格も見いだせる大乗仏教ですが、鎌倉時代に入ると、法華経や真言密教とは異なるタイプの大乗仏教が流行思想となります。それが次節で見る浄土教の思想です。

解答と解説

問13　順番に検討していきましょう。❶は「鎮護国家の考え方を否定し」が誤り。最澄も空海も鎮護国家の枠組みのなかで活動しています。❷について、本文で解説したように、最澄は法相宗の三乗の思想を批判して、「生あるものは等しく成仏し得る」という一乗の思想を説きました。これが正解です。❸はまったく逆。正しくは、鑑真が伝えた正式な授戒儀式の制度を否定し、大乗菩薩戒を受けた者を官僧とするべきと主張したのです。❹は、主著『三教指帰』が誤り。『三教指帰』は空海の著作です。

問14　こちらも同様に、順番に見ていきます。❶は次節で見る浄土教の思想と、密教の大日如来を混合した文章になっているので誤り。❷は「衆生には、生まれつき仏と関わりのない者がおり」が誤り。大日如来は万物の根源なので、仏と関わりのない者はいません。❸は、即身成仏の思想を解説した文章なので正解です。❹は、「大日如来が説いた秘密の教えは、個人の修行によっては理解できない」が誤り。限られた人ではありますが、三密修行によって、「大日如来が説いた秘密の教え」は体得することができます。

3-3

末法の世を浄土思想が席巻した

法然から親鸞へ

本節では、**浄土宗**の法然、その弟子であり**浄土真宗**を開いた親鸞の思想を見ていきます。
まずは、法然に関するセンター試験の問題を引用しましょう。

問15 **法然の言葉として伝えられる次の文章を読み、その趣旨に合致する記述として最も適当なものを、❶～❹のうちから一つ選べ。**

阿弥陀如来の本願の名号《みょうごう》は、木こり、草刈り、菜摘み、水汲むたぐひのごときものの、内外ともにかけて一文不通《いちもんふつう》*なるが、称《とな》ふれば必ず生《うま》ると信じて、真実に願ひて、常に念仏申すを最上の機**とす。もし智恵をもちて生死を離るべくは、源《げん》空《くう》***いかでかかの聖道門《しょうどうもん》を捨てて、この浄土門におもむくべきや。（『法然上人絵伝《しょうにんえでん》』）

* 内外ともにかけて：仏教の典籍もそれ以外の典籍もともに
** 機：仏の教えに応ずる能力。ここでは「救いの対象となる人」という意味
*** 源空：法然の別名

❶阿弥陀仏の救いに最もふさわしいのは、文字も読めないような民衆であると述べ、経典を読むことなど一切必要としない念仏の功徳を強調している。
❷阿弥陀仏の救いに最もふさわしいのは、労働に励む民衆であると述べ、貴族が特権的に支配する社会を念仏の功徳により改革しようとしている。
❸阿弥陀仏の救いに最もふさわしいのは、智恵も徳もない民衆であると述べ、一切の学問や修行を捨てて民衆と同化すべきだと訴えている。
❹阿弥陀仏の救いに最もふさわしいのは、日々の生活の中で悪行を犯さざるをえない民衆であると述べ、自らも悪行を実践していると告白している。

（二〇〇六年・センター本試験　第3問・問2）

末法思想、広まる

最初に、浄土宗、浄土真宗の元となった**浄土教**の基本的な考えかたを解説しておきま

しょう。

前節で見た法華経や真言密教では、誰もが悟れる可能性は認められますが、悟るには修行が必要でした。密教の即身成仏といっても、それは秘密の教えですから、たいへんな修行をした末にようやく到達できる境地なのです。

それに比べると、**浄土教は悟りへのハードルがぐっと下がります**。浄土教の主役は**阿弥陀如来**と呼ばれる仏です。阿弥陀如来は、ガウタマ・ブッダとはまた別で、西方にある極楽浄土を主宰している仏です。浄土教では、人々がこの阿弥陀如来のことを念ずれば、極楽浄土に生まれ変わることができると説く。つまり、念仏修行によって誰でも極楽浄土に行けるというわけです。極楽浄土に生まれることは成仏とは異なりますが、浄土教では、極楽浄土に生まれ変わったのち、必ず成仏できると説きます。

日本では平安中期以降、この浄土信仰が大流行します。その背景には**末法思想**という考えかたがありました。末法思想とは、釈迦の入滅後、だんだんと仏教が衰えていき、末法の世になると悟りの可能性がなくなるという考えかたです。具体的には、釈迦の教え（教《きょう》）、正しい修行（行《ぎょう》）、修行による悟り（証《しょう》）の三つが揃った正法《しょうぼう》の時代の一〇〇〇年、そして「証」が欠けた像法《ぞうぼう》の時代の一〇〇〇年の後は、**「行」と「証」を欠いた末法の時代が一万**

年続くとされました。

戦乱や天災が続いて、この末法思想がリアリティを帯びてくるなか、日本では一〇五二年から末法の世に入ったとする説が広く信じられました。そしてこの末法思想の広まりが刺激となって、浄土信仰が拡大していくのです。

法然の「専修念仏」

先述したように、浄土教では、誰でも念仏によって極楽往生できると説きます。ここで重要なのは、**念仏の内実**です。

精神を集中して、仏を心に思い描く修行は浄土教の専売特許ではなく、他の宗派でもおこなわれています。平安中期に浄土思想の基礎を固めた天台宗の僧・源信も『往生要集』のなかで、精神を集中した瞑想状態で阿弥陀仏の容貌を細部まで思い浮かべる**観想**《かんそう》**念仏**を重視しています。しかし同時に、観想念仏ができない者や臨終の際には、「南無阿弥陀仏(私は阿弥陀仏に帰依します)」と声を出して称える称名《しょうみょう》念仏(口称《くしょう》念仏)を勧めてもいます。

また、浄土信仰が広がったとはいえ、天台宗をはじめとする既存の宗派では、読経や密教修行、禅など、念仏以外の修行も悟るためには必要だと考えます。というより、念仏は

専修念仏

あくまで悟るための副次的な手段でした。

ところがこうした伝統に異を唱え、**称名念仏だけが極楽往生への唯一の方法**と考えた仏僧が現れました。それが浄土宗の開祖、**法然**(一一三三~一二一二)です。

平安末期から鎌倉時代初期を生きた法然も、もともとは天台宗の修行僧でした。転機は一一七五年、彼が四三歳のときに訪れます。中国唐の時代に浄土教を大成した善導《ぜんどう》(六一三~八一)の思想に衝撃を受け、念仏の道に目覚め、比叡山を降りるのです。

善導を導きとして法然は、主著『選択《せんちゃく》本願念仏集』を著し、**専修《せんじゅ》念仏**を民衆に広めていきます。専修念仏とは、極楽往生のために、**他のあらゆる修行を捨てひたすら「南無阿弥**

陀仏」と念仏を称えること、つまり称名念仏に専念することをいいます。

ではなぜ、法然は専修念仏を説いたのか。**末法の世にあって、あらゆる人々を成仏させるには、阿弥陀仏の他力にすがるしかない**からです。

浄土経典には、阿弥陀仏がまだ菩薩だったころ、修行に入る前に四八の誓願を立てたことが記されています。そのなかで最も有名な第一八願は、「あらゆる衆生が一〇回の念仏で往生できないなら、私は悟りを開きません」というもの。これはすなわち、阿弥陀仏はすでに悟っているのですから、あらゆる衆生は念仏を一〇回称えれば、極楽往生できるということになります。

法然の唱えた専修念仏は、悟りを求めて自力で修行をする伝統的な仏教のスタイルから大きくかけ離れたもので、むしろ**一神教の祈りに近づいています**。法然が、**日本仏教史の大転換点**とされるゆえんもそこにあります。

「悪人正機説」の真意とは?

他の修行を否定し、称名念仏に特権的な価値を認める法然の思想は、既存の仏教界を敵に回し、浄土宗は排撃の憂き目にあってしまいます。結果、法然をはじめ、有力な弟子たちもこぞって流刑に処されました。そのなかの一人が、浄土真宗の開祖である**親鸞**（一一七三～一二六二）です。次に親鸞に関するセンター試験の問題を見てみましょう。有名な「**悪人正機説**」の理解を問う設問です。

問16　『歎異抄《たんにしょう》』は、「善人なほもて往生をとぐ、いはんや悪人をや」という親鸞の言葉を伝えている。このなかで使用されている「善人」と「悪人」の説明として最も適当なものを、次の❶～❹のうちから一つ選べ。

❶「善人」とは、阿弥陀仏とは無関係に自力の善のみによって往生が可能な人のことであり、「悪人」とは、根深い煩悩によって悪を行ってしまいがちな自己を自覚し、阿弥陀仏をたのんで、善に努めようとする人のことである。

❷「善人」とは、阿弥陀仏とは無関係に自力の善のみによって往生が可能な人のことであり、「悪人」とは、根深い煩悩を自覚し、どんなに善をなそうと努めても不可能であると思い、阿弥陀仏の救いをたのむ人のことである。

❸「善人」とは、自力で善を行うことができると思っている人のことであり、「悪人」

とは、根深い煩悩を自覚し、どんなに善をなそうと努めても、それが不可能であると思っている人のことである。
❹「善人」とは、自力で善を行うことができると思っている人のことであり、「悪人」とは、根深い煩悩によって悪を行ってしまいがちな自己を自覚し、できるだけ善に努めようとする人のことである。

（二〇一一年・センター本試験　第3問・問3）

越後《えちご》（新潟県）に流された親鸞は、僧籍を剝奪され、自ら「非僧非俗《ひそうひぞく》」（僧でも俗人でもない）を名乗りました。のちに罪を許されると、妻子をつれて東国《とうごく》で布教につとめ、初期の教団が形成されていきました。親鸞は終生、法然に傾倒し続けていましたから、専修念仏や他力による往生という考えかたは当然、受け継いでいます。では、二人の違いはどこにあるのでしょうか。

まず、設問にもなっている「**善人なほもて往生をとぐ、いはんや悪人をや**」という**悪人正機説**から考えていきましょう。弟子の唯円《ゆいえん》（一二二二～八九）が『歎異抄』に記録した親鸞の言葉です。

直訳すれば、「善人でさえ往生ができる。まして悪人にできないことがあるだろうか」となります。ここでいう善人とは、自力での善行に自信を持つ人のことであり、悪人とは、煩悩にまみれた罪深さを自覚し、阿弥陀仏の他力にすがるしかない人のことをいいます。単に悪事をはたらく人ではないことに注意してください。**親鸞は悪事を勧めているわけではありません。**

しかし、それでも常識的に考えれば、悪人だって往生できるのだから、まして善人は当然往生できると考えたくなります。

おそらく法然の場合はこちらでしょう。法然は、悪人のためにこそ専修念仏の道があると考えた。つまり、煩悩にまみれた悪人を救えるのだから、あらゆる人々を救えるというのが法然の立場です。

親鸞は違います。親鸞がここで言っているのは、**自力で善行を積めない悪人のほうが阿弥陀仏を信じる力が強い**ということです。自力での善行に自信を持つ人は、その分、阿弥陀仏への信心は薄くなります。**そんな善人でも阿弥陀仏は見捨てずに往生へと導くのだから、阿弥陀仏にしかすがれない悪人は当然、往生できる**というわけです。

救いは「自然」のなかにある

さらに、親鸞は主著『教行信証《きょうぎょうしんしょう》』のなかで、**絶対他力**を説いています。法然もまた他力を説きました。しかし法然の他力の場合、阿弥陀仏が持つ救済の力に重心がかかっています。それに対して親鸞の絶対他力は、阿弥陀仏にすがる心にまでおよぶものです。つまり親鸞は、**阿弥陀仏をたのむ心もまた、阿弥陀仏の力の現れ**だと考えているわけです。

が、話はここで終わりません。親鸞は晩年の書簡のなかで、この絶対他力を**「自然法爾《じねんほうに》」**という言葉で説明しています。大事な箇所なので、現代語訳を引用しましょう。

自然の自はおのずからということであります。人の側のはからいではありません。然とはそのようにさせるという言葉であります。(中略)如来のお誓いでありますから、法爾といいます。(中略)そのようにさせるということをそのまま法爾というのであります。(『末灯抄』、石田瑞麿訳『日本の名著6　親鸞』中央公論社、一〇八頁)

ここで言われているように、自然法爾とは、先に紹介した阿弥陀如来の誓願がおのずとはたらくありかたのことですから、絶対他力と同義です。重要なのは引用の後に述べられている一節です。そこで親鸞は「この上ない仏といいますのは形もおありになりません。形もおありにならないから自然というのでありますと語り、「阿弥陀仏というのは、自然ということを知らせようとする手だてであります」（同前、一〇九頁）と言うのです。

ここから、親鸞は阿弥陀仏を実体として捉えることはせず、**絶対他力＝自然の現れ**と考えていることがわかります。

とすれば、仏にすがる心や念仏を称えることは、自然のはたらきであり、おのずからそのようにさせるものです。親鸞によれば、この道理をわきまえた後は、自然ということも思いはからってはいけない、といいます。阿弥陀仏や自然を意識したとたんに、その念仏にははからいがまじってしまうからです。

自然法爾の境地には自我もなければ執着もありません。親鸞は自然という概念のなかに、念仏の可能性を見いだしたのかもしれません。

解答と解説

問15　引用文にある「内外ともにかけて一文不通なるが、称ふれば必ず生ると信じて、真実に願ひて、常に念仏申すを最上の機とす」が難しいかもしれませんが、注と

重ねれば「経典の文字などは読めないが、念仏を称えれば必ず極楽浄土に生まれると心から願って、常に念仏する人が救いの対象となる」と読み解けます。ここから❶が正解だとわかります。ちなみに、引用文中にある「聖道門」とは、自力の難行《なんぎょう》によって悟りを求める浄土教以外の宗派のことを指し、「浄土門」とは、阿弥陀仏の他力によって極楽往生を得る浄土教のことです。

問16　それぞれの選択肢の微妙な違いに注意しましょう。❶は「阿弥陀仏とは無関係に」「善に努めよう」が誤り。浄土教にもとづけば、善人も阿弥陀仏と無関係ではありません。悪人は善に努めることができない人のことです。❷も❶と同様「阿弥陀仏とは無関係に」が誤り。❹も悪人を「できるだけ善に努めようとする人」としている点が誤り。よって正解は❸です。

3-4

修行と悟りは別ものではない　道元の思想

法然、親鸞に続いて、いよいよ日本思想史上、屈指の難解さで知られる道元の登場です。引用したセンター試験は、道元の主著『正法眼蔵』の最も有名な一節を理解させる問題となっています。この引用文の読解を導きとして、道元の思想を見ていくことにしましょう。

問17　**次の道元の文章を読み、その趣旨を記述したものとして適当でないものを❶～❹のうちから一つ選べ。**

仏道をならふといふは、自己をならふ也。自己をならふといふは、自己をわするゝなり。自己をわするゝといふは、万法《まんぼう》に証せらるゝなり。万法に証せらるゝといふは、自己の身心および他己《たこ》の身心をして脱落せしむるなり。（道元『正法眼蔵』）

❶修行に徹するということは、自己中心的なあり方を去り、自己を包むものとしての世界と真に出会うことにほかならない。
❷修行に徹するということは、世界を超えた仏の力が自己に入ることであり、自己が仏と一体化していくことを意味する。
❸修行に徹するということは、本来の自己に目覚めることであり、そのような自己において、身心への執着は消滅している。
❹修行に徹するということは、自己が世界に向かうありようではなく、世界の方から自己が根拠づけられることを意味する。

（二〇〇五年・センター追試験　第3問・問6）

なぜ道元は天台宗を見限ったのか

道元は一二〇〇年、上級貴族の家に生まれました（〜一二五三）。幼いころに両親を亡くし、無常を感じて出家をしたといいます。法然、親鸞と同様に比叡山（天台宗）で修行に励みますが、早くに見限って、当時すでに日本に伝えられていた臨済宗の禅を学びました。

そして、二四歳のときに南宋に渡って、曹洞宗の天童如浄《てんどうにょじょう》（一一六三〜一二二八）の薫陶《くんとう》を受け、帰国後、永平寺を建立して日本における曹洞宗を開くことになります。

なぜ道元は、比叡山の教えを見限ったのか？　死後にまとめられた伝記によれば、道元は、人間はみな生まれながらに仏性を持っていて、ありのままで仏であるという天台の教えに対して「なぜ、それなら修行をして悟りを求めるのか」と疑問を持ったといいます。

じつは当時の天台宗では、**天台本覚《ほんがく》思想**という考えかたが盛んになっていました。本覚とは、本来的に悟っているということです。天台宗では、あらゆる衆生には仏性が宿っていると考えますが、平安後期以降になると、衆生はそのまま悟っているという極端な考えへと展開していきました。さらに**「草木国土悉皆《しっかい》成仏」**と、**人間のみならず草木までもみなことごとく、ありのままで仏になっている**という思想まで登場します。

人間どころか、草木までありのままで悟っているのだとしたら、仏道修行など必要なくなってしまいます。無常を感じて仏門に入った道元は、そこに疑問を抱き、天台宗を見限ったのです。

成仏までの四つのプロセス

臨済宗や曹洞宗は、いずれも禅宗の一派ですが、そもそも禅宗とは何でしょうか。

仏教のどの宗派でも禅や瞑想の修行はあります。釈迦が悟りを得たのも、菩提樹の下で禅をしていたときでしたし、古代インド哲学でもヨーガとして瞑想修行は実践されていました。

この座禅の本格的な技法が、六世紀ころ、インドから中国に伝わりました。伝えたのは**菩提達磨《だるま》**（生没年不詳）、ダルマの由来になった人物です。ただ、達磨がほんとうに実在したかどうかは定かではありません。しかしこの座禅に特化した宗派が禅宗となり、唐から宋の時代にかけて、中国仏教の主流となった。そのプロセスで禅宗もさまざまな派に分化していきました。臨済宗や曹洞宗もそのなかの一つだったわけです。

禅宗では、禅の極意は「**不立文字《ふりゅうもんじ》**」「**教外別伝《きょうげべつでん》**」「**直指人心《じきしにんしん》**」「**見性成仏《けんしょうじょうぶつ》**」という四句で示されます。これは、禅の極意は「言葉では表現できないもの」（不立文字）なので、経典の教えとは別に伝えられる（教外別伝）。そして、座禅によって直接心に向かい（直指人心）、心の本性を見極めることで成仏する（見性成仏）、ということです。

この四句を見るとわかるように、禅宗とは経典を学ぶことを軽視し、禅の実践によって悟りをめざす実践重視の宗派なのです。

日常のすべては修行である！

日本で本格的な禅宗を最初に伝えたのは、臨済宗の開祖である**栄西**（一一四一〜一二一五）でした。臨済宗は、悟りに到達させる手段として「公案《こうあん》」を重視することを特徴とします。公案とは、理屈では理解できないような問答のこと。簡単にいえば理不尽クイズです。たとえば「始祖である達磨様が中国に来て、伝えようとしたほんとうの心は何か」と問われて、「庭にある柏の木だ」と答える。禅の教えは「不立文字」である以上、公案も、言葉や理屈で考えるものでありません。**言語以前の境地**を問答にするのですから、知的な理解を超えてしまうのは当然でしょう。

それに対して曹洞宗を学んだ道元は、公案を重視せずに、ひたすら座禅を組むことを強調します。これを「**只管打坐**《しかんたざ》」といいます。しかし同時に、道元は食事や調理、洗面、歯磨き、入浴など、禅僧の日常生活の作法を事細かに説いている。これは伝統的な仏教の経典には見られないものです。なぜそこまで日常生活の作法にこだわるのか。そこには道元の思想が深く関係していました。

道元は、**悟りという目的を設定して、その手段として修行をする態度を強く戒めました。**それを示す有名な一節を引用しましょう。文中に出てくる「修」は修行、「証」は悟りを意味します。

仏教では、修と証とはまったくおなじものである。いまでも証のうえの修なのであるから、初心の学道がそのままもとからの証のすべてである。だからして、修行の用心をあたえるにも、修のほかに証を期待してはならぬと教える。(「弁道話」、増谷文雄訳『正法眼蔵(八)』、講談社学術文庫、二九九頁)

禅宗は、浄土宗や浄土真宗の他力に対して、**自力による悟り**を旨とします。自分の力で禅の修行をして悟りを開く教えだからです。とすると、ふつうは悟るために修行をすると考えてしまうでしょう。しかし引用した文章が示すように、道元は修行と悟りを別物とは考えなかった。

これはいったいどういうことでしょうか。この一節にしても、さまざまな解釈が提出されていますが、ここでは深入りせずに、次のように考えたいと思います。

すでに第I章で説明したように、大乗仏教の理論的な土台をつくった龍樹は、「空《くう》」を縁起から体系づけました。おさらいをしておくと、あらゆる事物は相互関係から生起する（縁起）のですから、本質的な実体はありません（「空」）。しかし人間はどうしても、自分をはじめとして、さまざまな事物を確固たる存在として考えてしまう。仏教の修行も悟りも、こうした固定観念を解体していくことにほかなりません。

これをふまえれば、修行を手段、悟りを目的として、両者を分けて捉えると、それぞれを実体的に考えてしまうことになってしまう。それは、「空」や縁起の考えと相容れるものではありません。そして、引用にある「証」とは、縁起や「空」を体得することですから、ある瞬間に特異な体験をすることではなく、修行のなかで明らかになっていくものなのです。だとすれば、**座禅だけが修行ではありません**。道元にとっては、**日常生活の一つひとつのふるまいが修行であり、縁起や「空」を明らかにすることにつながっている**わけです。

身心脱落——縁起によって自分を解体する

ここでセンター試験の引用文を見てみましょう。最初の二文「仏道をならふといふは、自己をならふ也。自己をならふといふは、自己をわする、なり」は、「仏道の修行をするということは、自己を修行することである。自己を修行するということは、自己を忘れることである」と訳せます。

仏教では、自分という固定的な存在はない（無我）と考えるので、「自己をならふ」という言葉に違和感を持つ人もいるかもしれません。しかし修行のはじめから、無我の境地に立てるような人はいません。最初は、本来の自分のありかたがどういうものかと問い修行をする。そして修行のなかで、「自分が、自分が」という自己意識を捨て去るようにしていくわけです。

次の一文「自己をわするゝといふは、万法に証せらるゝなり」は難しい箇所です。自分を忘れるとはどういうことなのか。「万法」とは、あらゆる事物のありかたのことをいいます。すでに説明したように、仏教では、あらゆる事物に実体はなく、縁起によって移り変わっていくものと考えます。それが「空」ということです。

自分という存在もまた、縁起のなかで生成《せいせい》変化していくものであり、固定的な実体ではありません。ですから、自己を忘れるということは、「自分をなくすぞ」と意気込んでできるようなことではなく、**世界のさまざまな事物との関係から自己のありようが明らかにされる**ということです。

身心脱落

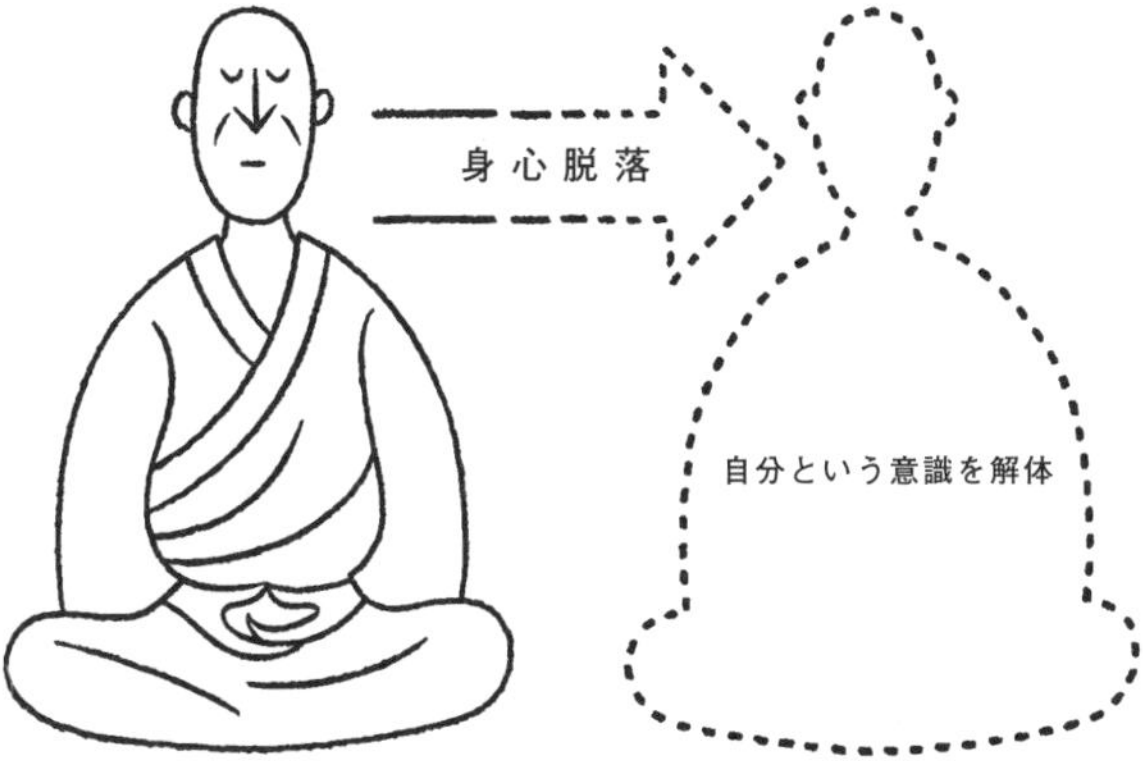

最後の一文では、「万法に証せらる、」ことの内実を説明しています。**「身心脱落」**は道元の重要なキーワードです。道元は中国留学中に、師の如浄から「参禅は身心脱落なり」という言葉を受け取ったといいます。といっても、身心脱落は特異な悟りの体験ではありません。そう捉えては、修行と悟りを区別してはいけないという道元の考えから離れてしまいます。

仏教の根本に照らせば、身心脱落とは、心と体から構成される自分という実体を解体することにほかなりません。座禅を中核として、日常生活全般を修行と捉え、それを遂行するプロセスで、**自分という意識を解体していくこと**が身心脱落ということです。

ここを読んで意外に感じられるのは、「他己」

という言葉でしょう。他己とは誰か特定の他者を指しているのではありません。動植物も含めた、あらゆる事物が他己です。したがって、「自己の身心および他己の身心をして脱落せしむる」とは、自己や他己の心身が固定的な実体であるという考えから抜けだすことをいいます。嚙みくだいて言えば、**自分と他者、自分と他の事物を区別することへのこだわりや執着が消えていく**、ということです。

道元は主著『正法眼蔵』で仏法の神髄を説きました。「正法眼蔵」とは、仏の正しい教え（正法）の集まり（蔵）を正しく理解する（眼）ことをいいます。そして、道元の考える仏の正しい教えの核心が、この四つの文に示されている縁起や「空」なのです。

解答と解説

引用文の趣旨はすでに解説したとおりです。それをふまえれば、選択肢のなかで誤っているものは❷だとわかるでしょう。この引用文には、「世界を超えた仏の力が自己に入ること」や「自己が仏と一体化していくこと」といった内容はありません。

正解は❷です。

Ⅳ　神仏から神儒への大転換
——江戸日本の思想

Ⅳ章関連年表

年代	主な出来事	主な人物
1603年	徳川家康、征夷大将軍に任命、江戸幕府を開く	藤原惺窩（1561～1619）
		林羅山（1583～1657）
1637年	島原の乱（～1638年）	山崎闇斎（1618～82）
1685年	5代将軍綱吉、生類憐みの令を発令	山鹿素行（1622～85）
		伊藤仁斎（1627～1705）
1716年	8代将軍吉宗、享保の改革（～1745年）	徳川光圀（1628～1700）
		契沖（1640～1701）
		新井白石（1657～1725）
1732年	享保の大飢饉が起きる	荻生徂徠（1666～1728）
		荷田春満（1669～1736）
		石田梅岩（1685～1744）
		賀茂真淵（1697～1769）
1787年	11代将軍家斉、松平定信を老中に寛政の改革（～1793年）	安藤昌益（?～1762）
		本居宣長（1730～1801）
1825年	異国船打払令	
1832年	全国的な大飢饉が始まる	平田篤胤（1776～1843）
1837年	大塩平八郎の乱	会沢正志斎（1782～1863）
1841年	老中・水野忠邦による天保の改革（～1843年）	二宮尊徳（1787～1856）
		吉田松陰（1830～59）
1853年	ペリー、浦賀に来航	
1854年	日米和親条約	
1858年	日米修好通商条約	
	安政の大獄（～1859年）	
1867年	大政奉還	

本章では、近世の江戸時代に登場した重要な思想家をスケッチしていきます。江戸期の思想の大きな特徴の一つとして、**神仏習合から神儒《しんじゅ》融合への転換**が挙げられます。

誤解のないようにいっておくと、仏教は江戸期を通じて衰退したわけではありません。むしろ、幕府の寺請《てらうけ》制度（キリスト教を禁じるために、人々を寺院に檀家《だんか》として所属させ、キリシタンでないことを証明させる制度）に組み込まれたことで、江戸時代は公式的には総仏教徒体制ができあがりました。

そこに果たし状を突きつけるように現れたのが、江戸初期の儒学者たちです。日本思想史家・森和也さんの表現を借りれば、「近世の初め、儒者は思想界に登場した新参者であり、当時の王者であった仏教に対する挑戦者」（森和也『神道・儒教・仏教』ちくま新書、二五頁）だったのです。

興味深いことに、近世儒学の祖といわれる藤原惺窩《せいか》（一五六一～一六一九）、彼に学び徳川家康に仕えた林羅山《らざん》（一五八三～一六五七）、朱子学と神道の一致を唱えた山崎闇斎《あんさい》（一六一八～八二）など、江戸初期に朱子学に傾倒した儒学者の多くは、禅寺での修行を通過しています。彼らはいずれも、仏教が俗世間を否定する教えであることを批判し、日常的な規範や修養に役立つ朱子学を是としました。

しかし王朝の交代を正当化する易姓革命（一〇九頁参照）や、学問修養をすれば身分と関係なく官僚への道が開ける科挙《かきょ》制度など、儒教の教えは必ずしも幕藩体制と折りあいがいいものではありません。そこで朱子学や陽明学も、日本の現状に見あった解釈とともに、広まっていくことになります。

一方で、民間の儒学者からは、朱子学の教義そのものを問い直す人々が現れました。その代表が、**古学派**《こがくは》と括られた**伊藤仁斎**《じんさい》と**荻生徂徠**《おぎゅうそらい》です。二人は方法論こそ違いますが、朱子学が孔子や孟子の教えとはかけ離れた解釈になっていることを批判し、**古典の正確な読解を通じて、儒教本来の教えに立ち返ろう**としました（4-1参照）。

この古学派の方法論を、日本の古典に応用して生まれたのが**国学**です。契沖《けいちゅう》、荷田春満《かだのあずままろ》、賀茂真淵《かものまぶち》、**本居宣長**、平田篤胤《あつたね》といった江戸の国学者たちは、**『万葉集』**や**『古事記』**などの**研究を通じて、日本古来の道のありかたや精神性を明らかにしようとした**。その学問的な成果は国文学の研究を大きく前進させるものでした。しかし同時に、その思想的な主張には、仏教や儒教を外来思想として否定する、国粋主義的な思想が胚胎《はいたい》することにもなりました（4-2参照）。

近世江戸期はまた、商品経済の拡大を背景に、民衆のなかから思想が立ちあがる時代でもありました。現代のビジネス・パーソンにも愛読されている**石田梅岩《ばいがん》**は、神道、儒教、仏教を総合し、**町人のための生活哲学を平易に語るとともに、道徳的な見地から商人の営利追求を正当化しました**（4-3参照）。

農民出身で、町医者のかたわら在野で文筆活動を続けた**安藤昌益《しょうえき》**は、**封建制度を否定し、万人が農業に従事するべきだというラディカルな農業思想**を説きました（4-3参照）。そして江戸末期には、おなじみの二宮尊徳（一七八七〜一八五六）が実践的な農政家として、疲弊した農村の立て直しに身を投じます。

江戸後期に、儒学と国学、あるいは儒学と神道を接続し、**尊王攘夷《そんのうじょうい》**の思想として提出したのが、水戸藩の**会沢正志斎《あいざわせいしさい》**です。その背景には、一九世紀初頭から西洋列強が頻繁に接近してきたことがあります。さらに正志斎の著書『新論』から大きな影響を受けた**吉田松《しょう》陰《いん》**は、**一君万民《いっくんばんみん》の尊王攘夷論を唱え、倒幕運動の導火線となりました**（4-4参照）。

神仏から神儒へ――。それは幕府を支えるとともに、幕府に終止符を打つ思想ともなったのです。

4-1

朱子学をメッタ斬り

伊藤仁斎の古義学と荻生徂徠の古文辞学

本節では、江戸期古学派の儒学者である伊藤仁斎（一六二七～一七〇五）と荻生徂徠（一六六六～一七二八）の思想を見ていきます。次に引用するセンター試験の問題文を一読すれば、古学派の特徴が明確に理解できるでしょう。

問18 **文中の［1］～［3］に入れるのに最も適当なものを、それぞれの❶～❺のうちから一つずつ選べ。**

朱子学では、自然界・人間界を貫く普遍的な理法（「天理」「理」）を想定し、それを窮めそれに従うことが善とされた。そこから、人欲を悪とみなし、ひたすらこれを去って天理と一体化すべく、心を厳しく保つべきこと、すなわち持敬《じけい》が説かれた。このような朱子学の考え方に対して疑問を抱き、孔子・孟子あるいはそれ以前の古典世界に立ち返り、そこを足場に独自の思想を模索していったのが日本の古学派儒教である。

山鹿素行《やまがそこう》は治世における武士のあり方を追究して、士道論を確立したことで知られているが、彼はまた「人欲を去るものは人にあらず」と、「欲心」や「利心」は人間に本来的にそなわっているものであって、これを否定する理由はどこにもないと主張した。さらに伊藤仁斎も、情・欲を人間の基本的な欲求として承認し、「礼義」によって処するならば「情即《すなわち》是《こ》れ道、欲即是れ義、何の悪《にく》むことか之《これ》あらん」と説明した。彼は、何事も「理」に則《のっと》って決断していけば、［1］と考えた。そして、互いに愛し親しみあう自他の融和の姿のうちに［2］の徳の実現をみた。また荻生徂徠は、「理」は各人の主観で何とでも言えるものであり客観的基準たりえないとして、これを否定した。彼が絶対的なよりどころとしたものは［3］である。そして彼の考えによれば、この［3］が「人情」に基づくものであった。

1

❶人は道理に従うものであるから恨みをかうことはない
❷人を単に愛したのではなく、人を正しく愛したことになる
❸社会から不正がなくなる
❹他者の過ちを許そうとしない酷薄《こくはく》な心がまさってくる
❺私に左右されない公平な精神が獲得できる

2

❶礼　❷義　❸智　❹仁　❺勇

3

❶惟神《かんながら》の道　❷悟りの道　❸先王の道　❹町人の道　❺天地自然の道

（一九九〇年・センター本試験　第2問・問1）

古学派の共通点

儒教が日本に伝わったのは五～六世紀ころですが、古代、中世では仏教に比べると脇役的な位置づけであった感は否めません。もっぱら貴族や僧侶の教養として受容され、仏教のように社会に浸透するまでには至りませんでした。

状況が大きく変化したのは近世、江戸時代からです。長い戦乱が終わり、社会が安定したことで、民間でも儒学を学ぶ人たちが増えていきました。また、公儀《こうぎ》（幕府）や大名にも朱子学を中心に儒学がすこしずつ浸透していきます。諸藩の武士教育にも儒学が積極的に取り入れられ、一八世紀末に、もともとは私塾であった湯島聖堂の学問所が幕府直轄の昌平坂《しょうへいざか》学問所となりました。ここでようやく**朱子学は、幕府の正式な「官学」と位置づけられた**わけです。

ただ、官学になったとはいえ、国家と儒教の結びつきは、同時代の中国や朝鮮に比べてはるかに弱いものでした。中国や朝鮮の場合、朱子学は科挙試験に組み込まれ、それを突破した人間が官僚となって国家を支配します。したがって朱子学は**体制教学**であり、朱子が掲げた「修己治人《しゅうこちじん》（己を修めて人を治める）」が国家の絶対的な理念とされました。

それに対して日本に科挙はありませんから、武士以外の人間が朱子学を学んだからといって立身出世の道が開けるわけではありません。しかしそれがかえって、学問の風通しをよくし、**朱子学を批判的に捉える思潮**が登場します。その代表が、明治になって**「古学派」**と呼ばれることになる**山鹿素行**（一六二二～八五）、**伊藤仁斎**、**荻生徂徠**の三人です。

ただし、三人のあいだに師弟関係はありません。センター試験のリード文にあるように

「朱子学の考え方に対して疑問を抱き、孔子・孟子あるいはそれ以前の古典世界に立ち返」った点では共通しているものの、三人の思想の中身は大きく異なります。

このなかで兵学者の山鹿素行は、理屈ばった朱子学を批判し、孔子や孔子が理想視した周公（周公旦）への回帰を唱えているものの、学問的に展開するまでには至っていません。むしろ素行の場合は、忠・信・義といった儒教倫理にもとづいて士道（武士道）を位置づけることに主眼が置かれています。そこで以下では、後世への学問的な影響が大きい伊藤仁斎と荻生徂徠の二人に絞って、それぞれの思想を見ていくことにしましょう。

『論語』『孟子』を熟読玩味せよ

京都の商人の子として生まれた伊藤仁斎は、周囲の期待に反して、学問で身を立てる道を選びました。当初は朱子学に心酔し、理を求めて精神修養に励みますが、その真剣さが裏目に出てノイローゼのような状態に陥ってしまいます。このあたりは王陽明によく似ています（一二二頁参照）。

しだいに朱子学への疑いを深めていった仁斎は、私塾を開いて、朱子学の解釈に頼らずに『論語』や『孟子』を解釈することに意を注いでいきます。そして三〇代半ばに、『論語』こそ「最上至極宇宙第一」の書であり、『孟子』はその最上の手引であると確信し、両者の本来の意味を読み解く**古義学**《こぎがく》を提唱しました。

すでに第Ⅱ章で見たように、朱子学では、事物の根本的な「理」を窮めることが聖人になるための出発点とされます（一一九〜一二〇頁参照）。しかし仁斎はそれを真っ向から否定しました。たとえば、朱子学の修養プログラムである「格物」（事物の理を探求する）など、『論語』や『孟子』のどこにも書いてありません。仁斎によれば、理の追求を説く朱子学は、深遠な理論を持つ仏教への対抗心からつくられたものであり、**孔子や孟子の本意をねじまげた解釈になってしまっている**というのです。

ならば、朱子の注釈には頼らず、『論語』や『孟子』をひたすら熟読玩味《がんみ》して、古義を明らかにしなければなりません。そうしてまとめた注釈書が『論語古義』『孟子古義』です。これは驚くべきことで、日本思想史の研究者である田尻祐一郎さんがいうように、「東アジアの思想世界（科挙社会であれば、それは秩序そのもの）を支えていた朱子の『論語』『孟子』解釈を逐条《ちくじょう》、しかも根本から批判した作品が、中国や朝鮮に先んじて初めて現れた」（田尻祐一郎『江戸の思想史』中公新書、七七頁）のです。

儒学の核心は日常道徳の実践にあり

では、仁斎が古義の探求によって見いだした『論語』や『孟子』の根本精神とはどのようなものでしょうか。仁斎はそれを「一語によっていいつくそうとすれば、愛そのものだ」(『童子問《どうじもん》』、貝塚茂樹訳『日本の名著13　伊藤仁斎』中央公論社、四八一頁)と語っています。**仁とは愛である**——とてもシンプルな定義です。

朱子学でも、仁が重要であることに変わりありません。しかし朱子学では、仁も理にもとづいて解釈してしまう。つまり、完全な仁を会得して理想的な人間になるためには、気(情)をコントロールして、理と一体化することが目的とされるわけです。

しかし仁斎は、物事を理から判断するような態度は、他者への不寛容をもたらすものだといいます。誰でも理と一体化すれば立派な人間になれるということは、逆にいえば、**理が欠けている人間を厳しく糾弾《きゅうだん》する冷酷な態度を生んでしまう**ことになるからです。

仁斎が『論語』や『孟子』に見いだした仁は、そういった超越的な理にもとづくものではなく、**日常卑近《ひきん》な愛情や寛容**でした。人々が日常のなかで思いやりを示しあう。それを仁斎は「自分がよく人を愛すれば、人もまた自分を愛してくれる」(同前、四八五頁)と表現しています。したがって、仁斎にとっては、愛情や思いやりは、朱子学のように決まった

仁とは日常道徳の実践である

正解から導かれるようなものではありません。**人間と人間が出会うその都度に愛情や思いやりを見せることの積み重ね**が仁の拡充なのです。こうした仁斎の道徳観の背景には、彼が生きた元禄時代の町人文化、とりわけ京都の町人衆の社交文化の影響がありました。

先に引用した田尻祐一郎さんは、仁斎の思想を「**他者性の発見**」と評しています。朱子学、陽明学では、誰もが理を備えていると考える以上、自分と他者のあいだに断絶はありません。しかし仁斎は、たとえ家族であっても、自分と他者は異なる人間性を持っていると考え、それゆえに孟子のいう**四端の拡充**（一〇六頁参照）が必要だというのです。仁斎が説く、「卑近」な日常生活での他者への思いやりや愛情の実践は、炎上が日常化している現代社会への処方箋としても示唆的でしょう。

中国古典はそのまま理解せよ

仁斎より四〇歳ほど年下の荻生徂徠は、将軍綱吉に使える医者の子として江戸に生まれました。しかし一四歳のとき、綱吉の怒りを買った父が、江戸から上総《かずさ》(千葉県)へと追放されてしまいます。足かけ一二年にもおよぶ貧しい生活を強いられながらも、徂徠は独学で儒学を学び、三一歳のときに幕府の実力者である柳沢吉保《よしやす》に抜擢《ばってき》され、幕府の政策にも影響を与えました。吉保の引退後は、江戸に私塾を開き、儒学の研究に没頭しました。

徂徠も仁斎と同様に出発点は朱子学でした。やがて仁斎の著作から強い影響を受けますが、のちに仁斎の古義学も批判するようになります。

仁斎と徂徠は何が異なるのでしょうか。先述したように、仁斎は朱子学の注釈書に頼らず、古典を熟読玩味することで孔子や孟子の真意を読み解こうとしました。一方、徂徠はもっと徹底しています。仁斎も含め、当時の日本では中国古典を訓読で読むのが定石《じょうせき》でした。ところが徂徠は、**中国古典を理解するためには、訓読や注釈に頼らず、原典の表現の**

ままに直読直解しなければならないと考えました。

さらに徂徠は、古代と（当時の）現代とでは中国語そのものが変化しているのに、朱子学も伊藤仁斎もそのことを理解せず、主観的に古典を解釈してしまっているといいます。そこで彼は、儒教本来の「道」を会得する方法を、古代中国の文献にできるかぎり目を通し、「古文辞《こぶんじ》」（古い文章や言語）の意味を明らかにすることに求めたのです。

徂徠は、こうした自身の学問方法を、仁斎の古義学に対して**「古文辞学」**と呼びました。同じ古学派と括られる二人ですが、学問の方法論が大きく異なることもおわかりいただけると思います。

「先王の道」とは何か

古文辞を探求した徂徠が見いだした「道」とはどのようなものでしょうか。それは**「先王の道」**だといいます。先王とは、堯・舜など、古代中国で理想的な政治を実現した伝説的な帝王のことです。徂徠は、『弁道』のなかで先王の道を次のように説明しました。

「道」とは、総合的な名称である。礼楽刑政《れいがくけいせい》〔引用者注：礼儀・音楽・刑罰・政治〕という、すべて先王が確立したものをとりあげ、一括して名づけたものである。礼楽刑政を離れて、ほかに「道」というものがあるわけではない。（「弁道」、前野直彬訳『日本の名著16　荻生徂徠』中公バックス、一〇二頁）

「先王の道」は、先王が創造したものである。天地自然のままの「道」ではないのである。（同前、一〇四頁）

これらは朱子学を全否定するような解釈です。朱子学の「道」とは、万物（天地自然）の理にほかなりません。ところが徂徠によれば、道とは、**古代のすぐれた帝王が、安定した秩序のために人為的につくった制度やルール**だというのです。

さらに徂徠は、儒学を学ぶ目的は、先王のつくった制度にのっとって、**「経世済民《けいせいさいみん》」**（世を経《おさ》め民を済《すく》うこと）を果たすことにあるといいます。

このように、統治者や指導者の立場から儒教を再解釈した点に、徂徠の学問の大きな特徴がある。それは、徂徠が将軍吉宗の諮問《しもん》に応じて、政治制度や経済制度の再建策を記した『政談』という意見書を提出していることからもうかがえます。

仁斎と徂徠を比べると、仁斎は仁に重きを置いた孟子に近く、徂徠は礼に重きを置いた荀子に近いといえるかもしれません。実際、徂徠は「読荀子」という荀子の読書ノートを残しています。

さて、徂徠の古文辞学が主たる研究対象としたのは、六経《りくけい》（『詩経』『書経』『礼記』『楽経』『易経』『春秋』）という『論語』以前から伝わる古い文献でした。古代の世界を理解するためには、古代の言語を精査しなければならない。徂徠が提案した学問方法は、江戸期に生まれた新しい学問分野に大きな影響を与えることになりました。それが次節で見る「国学」です。

解答と解説

[1]は、伊藤仁斎の朱子学批判の内容が入ります。本文で解説したように、仁斎は、物事を理から判断する朱子学は、他者への不寛容をまねくものだと批判しているので、正解は❹の「他者の過ちを許そうとしない酷薄な心がまさってくる」です。[2][3]も、ここまで読んだ人には容易でしょう。それぞれ「❹仁」、「❸先王の道」が正解です。

4-2

非合理ゆえに神々の物語を信じる
本居宣長の国学

本節では江戸中期に興り、幕末の尊皇攘夷に大きな影響を与えた国学の思想を見ていきましょう。引用したセンター試験の問題は、国学の大成者である本居宣長の死生観を読解させるものです。

問19　**本居宣長が死の受け止め方について述べた次の文章を読み、その内容の説明として最も適当なものを、❶～❹のうちから一つ選べ。**

神道の安心は、人は死に候《さうら》へば善人も悪人もおしなべて、みな黄泉国へゆくことに候《さうらふ》。善人とてよき所へ生まれ候ことはなく候。これ古書の趣にて明らかに候なり。……さて、その黄泉国は、きたなくあしき所に候へども、死ぬれば必ず行かねばならぬことに候故に、この世に死するほど悲しきことは候はぬ也。しかるに、儒や仏は、さばかり至《いたり》て悲しきことを、悲しむまじきことのやうに、色々と理屈を申すは、真実の道にあらざること、明らけく候なり。（本居宣長『鈴屋《すずのや》答問録』より）

---

❶死は人間にとって如何《いかん》ともし難い不可避の出来事であり、死後は黄泉国へと赴《おもむ》くほかはないのだから、いざという時にうろたえることのないように日ごろから心の修養に努めることのうちにこそ安心はあり、いたずらに死を悲しむべきではない。

❷死は人間にとって如何ともし難い不可避の出来事であり、死後は黄泉国へと赴くほかはないが、黄泉国での禍福《かふく》はこの世の生き方によって決まるのだから、死を悲しまず、この世で善行に努め、死後の安楽を目指すことのうちにこそ安心はある。

❸死は人間にとって如何ともし難い不可避の出来事であり、死後は黄泉国へと赴くほかはないが、この世の生き方にこそ意味があるのだから、死を悲しむことなくこの世でできる限り安楽に生きることのうちにこそ安心はある。

❹死は人間にとって如何ともし難い不可避の出来事であり、死後は黄泉国へと赴くほ

かはないのだから、そのように心得ることのうちにこそ安心はあり、根拠のない恣《し》意《い》的な説によって、いたずらに死の悲しみを克服しようとすべきではない。
（二〇一二年・センター本試験　第3問・問3）

国学の先駆者たち

前節では、朱子学の解釈を介さず、古代の文献を精読することで孔子や孟子の真意を理解しようとした古学派の思想を解説しました。一七世紀後半から、この古学派の方法論に影響を受けて発展したのが**国学**です。

国学とは、『万葉集』『古事記』『日本書紀』など、**古代の和歌や神話に依拠して、日本固有の文化や精神を明らかにしようとする学問**のことをいいます。日本オリジナルの文化や精神を知るためにはどうすればいいか。同時代の多くの学問は、中国から輸入した儒教や仏教の影響を受けてしまっています。そこで国学をかたちづくった人々は、**儒教や仏教以前の日本オリジナル**を求めて、古代の和歌や神話を正確に読み解こうとしたわけです。

その先駆には、真言宗の僧侶だった契沖（一六四〇〜一七〇一）、伏見稲荷《ふしみいなり》神社の神官であった荷田春満（一六六九〜一七三六）がいます。両者に共通しているのは、現代の考えかたを排して、古い時代の心のありかたや言葉の意味を明らかにしなければならないという態度です。

この先駆となる二人に次いで登場したのが、賀茂真淵（一六九七〜一七六九）です。真淵は『万葉集』の研究に生涯を捧げ、『万葉集』のなかに理想的な世界を見いだしました。その思想は老子とよく似ています。真淵は著書『国意考』のなかで、『万葉集』に見られるような、**幼くて率直な気持ちを詠《よ》んでいる歌にこそ感動がある**と語っています。そして、そういった歌を詠んでいた古代の日本人は、天皇も庶民も理屈や作為がまったくなく、自然にまかせて生きていたし、だからこそ国が治まっていたのだというわけです。第Ⅱ章の2節で解説したように（九二頁参照）、老子もまた外的な環境に抗せず、水のようにあるがままの状況に身をゆだねるありかたを理想的な生きかたとして称揚していました。

さらに真淵は、日本のおおらかな世の中が乱れてしまったのは、理屈っぽい儒教が日本に入ってきたからだと**痛烈な儒教批判を展開しました**。こうした儒教批判も老子と瓜二つです。実際、真淵は『老子』を高く評価しています。

「もののあはれ」とは何か

この真淵の研究に影響を受け、国学を大成した人物が**本居宣長**です。ただし、伊勢松坂（三重県）で医者として生計を立てていた宣長は、老子を尊敬する真淵とは異なり、当時としては非常に都会的な生活をしていました。法哲学者の長尾龍一さんによると、宣長は「眼鏡をかけ、入れ歯をし、ヘヴィー・スモーカーであった。彼は師真淵の反文明主義を、現在のオレンジ（蜜柑《みかん》）は古代のそれ（柑子《こうじ》）よりずっと甘いという事実を指摘しつつ、批判した」（長尾龍一『古代中国思想ノート』信山社叢書、二二九頁）といいます。

また真淵は、奈良時代の『万葉集』の歌風が、おおらかで力強い「**丈夫《ますらを》の手ぶり**」であるのに対して、平安時代の『古今和歌集』の歌風は、繊細で女性的な「**手弱女《たをやめ》**」の姿であると評しています（『にひまなび』）。当然、真淵は「丈夫の手ぶり」を賛美しますが、宣長は逆に、「大方人《おほかた》の実の情《まことこころ》といふものは、女童のごとく未練に愚かなるものなり。男らしくきつとして賢きは、実の情にはあらず。それはうはべをつくろひ飾りたるものなり」（『紫文要領《しぶんようりょう》』、日野龍夫校注、新潮日本古典集成『本居宣長集』、新潮社、二〇二頁）と、女性や子供のように未練を感じる心を、人間本来の人情のありかただと考えます。

この点は、宣長が『源氏物語』や和歌の研究を通じて、文芸の本質を「**もののあはれ**」

「丈夫の手ぶり」と「手弱女」

丈夫の手ぶり　　手弱女

と捉えたことに通じています。『源氏物語』にせよ和歌にせよ、現代でいえば不倫や密通のオンパレードです。色恋に振り回される愚かな人間は、仏教であれば煩悩や執着にまみれた人間として否定されてしまうでしょう。儒教的な道徳とも相容れません。

しかし宣長は、仏教や儒教が教える道徳的な教訓があることを文芸の本質とは考えなかった。そうではなく、恋をしているときに湧き起こる、どうにもならない感興を「もののあはれ」と表現し、「もののあはれ」を知る人を「心ある人」と呼びます。そして「もののあはれ」を描く『源氏物語』のような文芸こそ、嘘偽りのない人間の姿を伝えるものとして高く評価したのです。

宣長の二面性

では、「もののあはれ」論を導いた、宣長の学問の方法はどのようなものだったのか。宣長は著書『玉勝間《たまかつま》』のなかで、学問で道を知ろうとするなら、まず「**漢意《からごころ》**」を取り除かなければならない、といいます。漢意とは、単に中国の本を読んだり、中国風の立ち居振る舞いを好むことだけをいうのではありません。宣長によれば、理知的な議論や言動はすべて漢意、すなわち「中国かぶれ」に含まれます。興味深いのは、老荘思想の「自然の道」さえも、儒教の人為を排して無為の道を説くという議論の手続きに、人間のさかしらな理知がはたらいていると捉えている点です。

宣長はなぜそこまで理知的な方法や態度を退けるのでしょうか。それは、「人の智はいかにかしこきも限《かぎり》」があるからです（『くず花』、野口武彦編注、『宣長選集』筑摩叢書、七七頁）。**人間の理知には限界がある。**すなわち、認識できるのは五官で知覚できる事実までで、宇宙の究極原理や因果応報のような経験の外側にあることは知ることはできない、と宣長はいいます。この点を見ると、宣長の考えは同時代のドイツの哲学者カントの理性批判と似ていることがわかるでしょう。カントもまた、世界の始まりや神の存在、あるいは事物そのもののありかた（物自体）は、人間の理性では認識することができないことを論証しました（カントについては前著『試験に出る哲学』の一五四〜一六五頁で解説しました。「理性の限界」についてはとくに一六一頁を参照してください）。

宣長は『古事記』の実証的な研究をライフワークとしましたが、だとすると、『古事記』で描かれる神々の物語もまた、人間には認識できないものです。しかしここで宣長は、アクロバティックな方向へと舵《かじ》を切りました。すなわち**『古事記』のような大昔の日本の物語は、荒唐《こうとう》無稽《むけい》に見えるからこそ、かえってそこに人間のさかしらな理知を超えた霊妙さがある**。他方で、**仏教や儒教が説いてきたさまざまな原理や真理は、人間が理解しやすいがゆえに、それは人間のつくりごとだ**と推論するのです。

したがって宣長にとっては、荒唐無稽に見える『古事記』や『日本書紀』こそ信じるに足る物語だということになります。そして、そういった神々の物語を残してきた日本、皇《こう》祖神《そしん》であり宇宙を支配するアマテラス大神が生まれた日本こそ、世界で最も尊く高貴な国だと結論づけるのです。

宣長には、実証的な文献学者としての側面と、非合理な国粋主義者としての側面の両面があります。前者は『源氏物語玉の小櫛《おぐし》』や『古事記伝』など、画期的な注釈書に結実する一方、後者は、偏狭《へんきょう》な自国中心主義と外国蔑視の主張へとつながっていきました。

宣長から篤胤へ──死生観の変化

以上をふまえて、センター試験で問われている宣長の死生観を見てみましょう。第Ⅲ章の1節でも説明したように、『古事記』では、日本の国土を生んだイザナギの命とイザナミの命のうち、イザナミは火の神を生んだせいで命を落とし、暗くて汚い黄泉の国へと行くことになります。イザナギはイザナミの後を追いますが、黄泉の国でイザナミの腐った姿を見て逃げだしてしまう（二三九頁参照）。

宣長は、国を産んだ神であるイザナミも死後は汚い黄泉の国へ行くことから、人間は善人だろうが悪人だろうが死後はみな汚い黄泉の国に行くしかないというのです。だからこそ死はとても悲しい出来事なのに、儒教や仏教はあれこれと理屈をつけて、悲しむ必要がないと言っている。それは真実の道ではない、というのが宣長の考えです。

このことからもわかるように、**宣長の死生観には道徳が介在する余地はありません**。つまり、生前に善行を積んだから天国や極楽に行けるわけではないし、どこかで先祖が見守っているわけでもない。宣長が『古事記』から読み取った死は、救いのない冷徹な死です。彼にとって死は、冷徹な実証主義と神話を信じるような非合理主義が交錯《こうさく》した地点に位置づけられるかもしれません。

この宣長の死生観を大きく修正したのが、江戸後期の国学者、**平田篤胤**（一七七六〜一八四三）です。宣長の著作に啓発され国学者となった篤胤は、『霊能真柱《たまのみはしら》』のなかで、死後の霊魂は生者からは見えないけれど、**国土の「幽冥界《ゆうめいかい》」という別世界に存在し、生者を見守っている**といいます。さらに、そののちの著作『古史伝』では、独自の神話解釈にもとづいて、幽冥界を支配する神であるオオクニヌシが、死後の魂を裁き、現世での善事や悪事に応じて賞罰を与えるという説を唱えました。

ここまで見てきたように、江戸中期から発展した国学は、国文学の研究を大きく前進させた一方で、国粋主義的な思想の発火点ともなりました。そして、のちに見る水戸学の思想とあいまって、幕末の尊王攘夷思想を準備していくことになるのです。

解答と解説

それほど難しくない古文なので、正確に読解できれば解答は❹とわかるでしょう。❶〜❸はいずれも死を悲しまない方向で説明している点で誤りです。

4-3

物言う町人と農民が現れた　石田梅岩と安藤昌益の思想

一七世紀後半あたりから、商品経済の発展につれて町人文化が独自の発展を見せるようになります。さらに一八世紀に入ると、農民の立場から思想や倫理を説く人々が現れました。本節ではその代表的人物として、商人の生き方を説いた石田梅岩と、封建的支配や身分制度を批判した安藤昌益の思想を見ていきます。

まずは、石田梅岩の商人道に関するセンター試験の問題を紹介しましょう。

問20　商人が行うべき道について石田梅岩が説いた内容として適当でないものを、次の❶〜❹のうちから一つ選べ。

❶商人の道においては、倹約が大切である。倹約の徳は、単に物を節約するだけでは

なく、正直の徳と結び付き、物と人とを有効に生かす原理である。

❷正当な仕方で利益を増やすことが商人にとっての正直であり、商人には、競争相手との駆け引きに勝って、自分の商売が繁盛するように考える競い合いの心が大切である。

❸商人が正当な利益を得るためには、買い手に自分が養われていると考え、互助の精神を大切にして、買い手が満足するように努力すべきである。

❹商人が正当な商売で得ることができた利益は、商人の社会的な役割に対する正当な報酬であり、その利益は国を治める武士が報酬として受け取る俸禄《ほうろく》と同じである。

(二〇一一年・センター追試験　第4問・問4)

石門心学の誕生

江戸中期になると、経済力を蓄《たくわ》えた町人たちが中心となって、さまざまな庶民文化が発展しました。それと同時に、自分たちの生きかたや倫理を問う思想が登場します。なかでも、石田梅岩を開祖とする**石門心学**《せきもんしんがく》は、弟子たちを通じて全国的に拡大していきました。

では、石門心学とはどのような教えなのでしょうか。

丹波《たんば》（京都府）の農家に生まれた**石田梅岩**（一六八五〜一七四四）は、京都の商家に奉公しながら、独学で神道・儒教・仏教・老荘思想などを学び続け、商人の道について思索を深めていきます。そして四三歳のときに番頭をやめて、学問一本で生きる道を選び、四五歳で京都の自宅に講座を開きました。講座は、聴講無料、紹介不要の看板を掲げたことが功を奏し、すこしずつ町人層が足を運ぶようになります。

そこで梅岩が説いた教えを、石門心学といいます。石門とは「石田の門流」ということです。梅岩は講座で、神道、儒教、仏教を総合して、町人のための生活哲学を平易に語りましたが、そのベースには梅岩独自の心に関する洞察があります。

たとえば、主著である『都鄙問答《とひもんどう》』には、「学問の要点はこういうことです。心をきわめて人間の本性を知り、本性を知れば天を知る」ことができるとあります（『都鄙問答』、加藤周一訳『日本の名著18　富永仲基　石田梅岩』中公バックス、二一七頁）。天地と人間の本性を一体として捉える発想であり、ここに朱子学の「性即理」（一一九頁参照）が響いていることは明らかでしょう。梅岩の教えが**「心学」**と呼ばれるゆえんです。

倹約と正直こそ「商人の道」

梅岩の教えのなかでも、とりわけ重要なのが商人道を説いた「ものを売って利益をとるのは商人の道です。……商人の商売も儲《もう》けは侍の奉禄《ほうろく》と同じです」（同前、二二三頁）というくだりです。当時は営利の追求は賤《いや》しいものという風潮が強かった時代ですが、**梅岩はそれに異を唱え、商人の営みを正当化した**わけです。

といっても暴利を貪るような商業行為をも肯定したわけではありません。梅岩の考える商業行為とは、人々の心を満たすために、お金や商品を世の中に行き渡らせることです。こうした考えから、「世の中の様子を見れば、見かけは商人のようで実は盗人がいます。本当の商人は相手方もたちゆき、自分もたちゆくようなことを考える」（同前、二三〇頁）と、私利私欲だけを追求することを強く戒め、売り手と買い手がともに満足を得られるような誠実な商売をすべきだと説きました。

梅岩の思想の根幹には前述したとおり、天地と自己を一体として捉える発想があります。したがって、個々の人間にはそれぞれに与えられたふさわしい役割や行動があり、それを全《まっと》うすれば、世の中全体が適切に運営されると考えるわけです。

彼が**「正直《せいちょく》」**や**「倹約」を重視する**のも、こうした思想にもとづくものです。梅岩にとっ

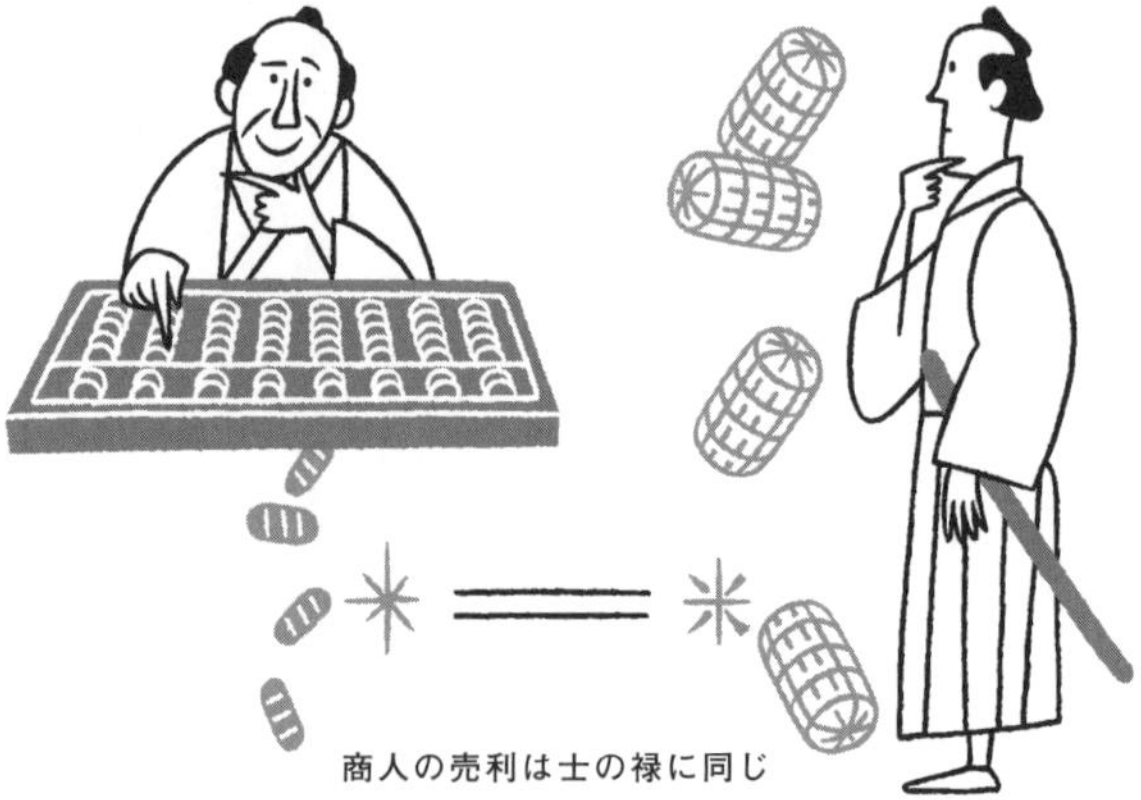

商人の売利は士の禄に同じ

ての「正直」とは、単に個人の道徳を指すだけではなく、**天地という宇宙のありかたにかなった私心のない態度**を意味しています。

倹約も単なるケチのことではありません。梅岩のいう倹約は、それぞれの人間が**過不足なくお金や商品を使って、社会の適切な運営に寄与すること**です。

梅岩の言葉を引用しましょう。

倹約をいふは他の儀にあらず、生れながらの正直にかへし度為《たきため》なり。（中略）万民はこと〴〵く天の子なり。故《かるがゆえ》に人は一箇の小天地なり。小天地ゆへ本《もと》私欲なきもの也。（中略）此正直行《おこな》はるれば、世間一同に和合し、四海の中皆兄弟《けいてい》のごと

し。（『斉家論』下、『日本思想体系42　石門心学』岩波書店、二七頁）

ここで述べられているように、梅岩が倹約を説くのは、人間が本来的に備えている正直に立ち戻るためです。そして、人はみな小さな天地であり、正直が実践されるようになれば、世の中の調和が実現し、誰もが兄弟のように親しい関係になることができる。商人道であれ、個人の修養であれ、梅岩の思想は常に**宇宙的な視座から考えられている**ことがおわかりでしょう。

士農工商は役割分担

こうした思想から、梅岩は士農工商という身分制度に対しても、独特の解釈を提出しています。梅岩によれば、士農工商は身分の上下ではなく、役割の違いとして捉えるべきだといいます。

士農工商のどれか一つが欠けても、世の中はうまく回りません。武士は武士の仕事を全うし、農民は農民の仕事を全うする。いわば士農工商は**水平的な役割分担**であり、**どの職業の人間であっても、自分の仕事に満足することを自覚し、正直と倹約の道を実践して生**

さなければならないと説きました。

もちろん梅岩は、身分制度を否定したわけではありませんが、これまで賤しい仕事と見られてきた商人の身分や仕事に、社会的な意義を与えた点は画期的でした。

近世で最もラディカルな思想家

さあ、それでは次にラディカルな農民の思想を提出した安藤昌益について見てみましょう。梅岩は士農工商を再解釈するにとどまりましたが、昌益に至って身分制度は全否定されます。まずはセンター試験を引用します。

問21　**安藤昌益の説いた「自然世《しぜんせい》」の説明として最も適当なものを、次の❶〜❹のうちから一つ選べ。**

❶古代中国の聖人が定めた制度に基づく治世が行われている世。
❷正直と倹約による営利の追求を正当化する町人道徳が支配的な世。
❸万人が直接農耕にたずさわり自給自足の生活が営まれている世。

❹武士を人倫の指導者として位置づける士道が実現されている世。

（一九九七年・センター本試験　第4問・問3）

近世をつうじて、**安藤昌益**（?～一七六二）ほどラディカルな思想家はいません。しかし、その存在は長らく忘れられていました。一八九九年に思想家の狩野亨吉《かのうこうきち》（一八六五～一九四二）が著書『自然真営道《しんえいどう》』を発見し、さらに戦後、カナダの外交官であり日本史の研究も手掛けたエドガートン・ハーバート・ノーマン（一九〇九～五七）が「忘れられた思想家」として昌益を紹介したことで、ようやく一般に知られるようになった人物です。

くわしい来歴は不明ですが、一八世紀初頭に秋田の農村に生まれた昌益は、四〇代になって八戸《はちのへ》（青森県）で医者を開業するかたわら、文筆活動を続けました。

昌益が生きた一八世紀前半は、幕府や諸藩が年貢を増徴し、百姓一揆《いっき》がしだいに増加していく時代です。一七三二年には大規模な飢饉が起こり、多くの餓死者が出ました。医者として生計を立てていた昌益は、そういった農民の悲惨な境遇を目の当たりにしたことで急進的な思想を育んでいったのかもしれません。

昌益はまず、**すべての人間が直接農業に従事して、自ら衣食住を自給する、平等で理想**

的な社会を**「自然世」**と呼びます。関連する一節を引用しましょう。

天と海とは一体であって、上もなければ下もない。すべて互性《ごせい》であって、両者の間に差別はない。だから、男女にして一人なのであり、上もなければ下もない。すべて互性であって両者の間に差別はない。世界あまねく直耕の一行一情である。これが自然活真の人の世であって、盗み・乱れ・迷い・争いといった名目のない真のままの平安の世なのである。(『自然真営道』、野口武彦訳『日本の名著19　安藤昌益』中公バックス、二四五頁)

「互性」とは**相互一体的な関係**のことです。この引用からもわかるように、本来、自然も人間もみな相互一体的な関係であって、差別のない世界を昌益は理想視します。

ところが、自分では田畑を耕さず、農民の収穫を貪るだけの聖人や学者たちが法や道徳を勝手につくって、農民を支配するようになってしまった。こうした**人為的な制度で身分差別をする世界**を、昌益は**「法世《ほうせい》」**と呼んで厳しく糾弾します。自分は民に養われているのに、仁徳で下々の民を教化するなどというのはお笑い草もいいところだと、その舌鋒《ぜっぽう》は怒りに満ち満ちています。痛烈な聖人批判のくだりを紹介しましょう。

聖人は、耕さずに衆人の直耕、天の生業たる穀物を貪食《どんしょく》し、口説をもって直耕という天職にしたがう天子たる庶民をたぶらかし、自然天下を盗んで上に立ち、王と号した。だから自分の手によっては一粒も一銭も出すことなく、自分の所有物というものを何一つ持たぬ者は聖人なのである。(『統道真伝』、同前、二六一頁)

昌益にあっては、王や聖人などは罪人に等しい存在なのです。

自然世に戻れるか

では、法世となってしまった世界に対して、彼はどんな処方箋を描いたのでしょうか。昌益によれば、乱れた法世をすぐに自然世にすることはできないので、上下という二つの区別だけを認めたうえで、上の監視のもと、下の者にすべて田畑を与えて直耕させる社会を構想します。自給自足ですから、貨幣の使用もやめ、学問も読み書きそろばんも禁止です。誰もが一次産業だけに従事しますから、武士どころか、職人や商人も不要です。

このような昌益の処方箋は、技術を否定した老子の小国寡民（九四頁参照）の思想に通じるところがあり、現在の私たちからするとユートピアとは言いがたいかもしれません。しかし身分秩序のもとで多くの農民が困窮していた時代に、ラディカルな平等思想を唱えた点は、高く評価されてしかるべきでしょう。

解答と解説

問20　「適当でないもの」を選ぶ点に注意しましょう。❶は本文で述べたように、倹約の徳は正直の徳と結びついていることを記述しているので正しい。❸は、売り手と買い手の互助精神について説明しているので正しい。❹は、梅岩が「商人の売利は士の禄に同じ」と述べたことを説明しているので正しい。❷は、前半は正しくとも「商人には、競争相手との駆け引きに勝って、自分の商売が繁盛するように考える」が誤りです。よって正解は❷。

問21　本文を読めば一目瞭然でしょう。正解は❸です。ちなみに❶は荻生徂徠、❷は石田梅岩、❹は山鹿素行の思想に関連した記述です。

4-4

尊王攘夷の思想

会沢正志斎と吉田松陰

本節では、幕末に大きな力を得た尊王攘夷の思想家として、**会沢正志斎**（一七八二〜一八六三）と**吉田松陰**（一八三〇〜五九）の二人を取りあげます。

会沢正志斎のほうは、二〇一九年のセンター試験が初登場で、頻繁に「試験に出る」わけではありません。しかし彼の著書『新論』は幕末の思想を語るうえでは欠かせない一冊なので、ここで紹介することにしました。

問22 **幕末の思想家についての説明として最も適当なものを、次の❶〜❹のうちから一つ選べ。**

❶吉田松陰は、仏教や儒学の影響を排除して、純粋な日本古来の神の道を説く復古神

道を唱え、尊王攘夷論の立場から江戸幕府の政治を批判した。

❷吉田松陰は、すべての民は身分にかかわらず、藩などの枠を超え日本の主君である天皇に忠誠を尽くすべきだとする一君万民の思想を主張した。

❸会沢正志斎は、水戸学の立場から、国の危機に際し、日本人としての自覚と主君への忠誠心を絶対視する大義名分論を唱え、公武合体《こうぶがったい》論を推進した。

❹会沢正志斎は、水戸学の立場から、儒学に基づきつつ西洋文化も受容して富国を図るために開国論を主張し、諸外国との平和な関係構築を目指した。

（二〇一九年・センター本試験　第3問・問6）

水戸学はなぜ尊王思想を掲げたのか

幕末に激化した**尊王攘夷論**とは、天皇を日本の中心として崇拝する**尊王思想**と、外国を排斥しようとする**攘夷論**とが結合した政治思想のことをいいます。この尊王攘夷論の理論的支柱となった本が、会沢正志斎の書いた『**新論**』であり、同書は幕末の志士にきわめて大きな影響を与えました。

一八世紀末に生まれた会沢正志斎は、水戸藩士であり、**水戸学**の中心的な学者です。

まずは簡単に水戸学について説明しておきましょう。水戸学とは、水戸藩で形成された儒学色の強い学問のこと。そもそもは、二代藩主の**徳川光圀**《みつくに》（一六二八～一七〇〇）が『大日本史』という尊王思想にもとづいた歴史書を編纂する事業から生まれました。

水戸学にくわしい政治思想研究者の片山杜秀さんによれば、光圀の尊王思想の背景には、水戸藩の立場が深く関係しているといいます。経済力は低いのに、政治的・軍事的負担はきわだって高い。いったいなぜ水戸藩は、実入りが少ないのに命がけで幕府を守らなければならないのか。光圀が思いついた理屈は、次のようなものでした。

天皇は神話時代から連綿と続く他国に例を見ない特別な存在である。日本という国は世界に類例なく、その類型のない国柄を守り続ける使命を帯びたのが将軍である。将軍の権力、幕府の秩序を保つことは、そのまま天皇を守り、日本の「世界に冠たる国体」を護持《ごじ》することに直結する。（片山杜秀『「五箇条の誓文」で解く日本史』NHK出版新書、六一頁）

こうして光圀は「水戸藩は命懸けで幕府を守る。幕府にそれだけの値打ちがある。そう納得しようとしたのです」（同前、六〇頁）。そして、天皇が連綿と続いてきた特別な国である日本を歴史的に検証するためのプロジェクトが『大日本史』の編纂事業だったのです。

水戸学と国学の融合

とはいえ、尊王と攘夷は直接、結びつくわけではありません。この両者が結びつくようになったのが、会沢正志斎が活躍する後期水戸学の時代です。その背景には、西欧列強の接近がありました。すでに一八世紀からロシア船は姿を見せていましたが、一九世紀に入ると、イギリスやアメリカの船が日本に近づいてくる。

折しも一八二四年には、水戸藩内の大津浜にイギリスの捕鯨船の乗組員が上陸し、薪水《しんすい》や食料を求めるという事件が起こりました。翌二五年、幕府は異国船打払令を定めます。こうした列強への危機感をもとに書かれたのが『新論』です。とりわけ会沢正志斎が危機を抱いたのは、西欧のキリスト教によって日本が蹂躙《じゅうりん》されてしまうことでした。

『新論』には大きく二つの主眼があります。一つは国体にもとづいて、日本人の統合を図ることであり、もう一つは具体的な攘夷政策を提案することです。

ここでは前者に絞って説明しましょう。会沢は、天皇を中心とする忠孝の道にもとづいて、人心の統一を図る必要性を訴えます。その際、会沢は**従来の水戸学と国学を接《つ》ぎ木するのです。**

儒学を基盤とするそれまでの水戸学では、天皇は徳を体現する存在と考えられていました。したがって前期水戸学では、徳の有無から天皇を評価するような試みもあったのです。本来、こうした天皇像は、国学と相容れません。そもそも国学は儒学や仏教を批判して成立した学問です。本居宣長が大成した国学では、天皇の尊さは、神話時代からの継続それじたいに求められます。アマテラス大神は、皇祖神であり宇宙を支配する。そのアマテラス大神が生まれた日本は、世界で最も尊く高貴な国であり、アマテラス大神の子孫である天皇はそれだけで尊いのです。天皇を評価するなど、とんでもないことです。

そこで『新論』は、**両者を融合した国体論**を提出します。一方では、国学的な天皇像を採用し、**神話にもとづいた天皇の神聖性を説き**、他方では、アマテラス大神→天皇→将軍→諸藩→武士→庶民という**儒教的な階層秩序のなかに、万世一系の天皇を位置づけた**のです。

ここで重要なのが**「忠」と「孝」の一致**です。本来の儒教では、父に代表される年長者を敬《うやま》う「孝」が、上位者に尽くす「忠」よりも優先します。ところが『新論』は、階層秩序のなかで上位者に「忠」を尽くすことは、「孝」と一致すると説く。なぜか。それは、自分の先祖もまた、同様に上位者に「忠」を尽くしていたのであり、現在自分が「忠」を尽くすことは、先祖の志を継ぐという意味で「孝」の実践になるからです。わかりやすくいえば、「父も大名に忠誠を尽くしていた。だから、自分も大名に忠誠を尽くすことは、父親孝行の実践になる」というわけです。

さらに正志斎は、天皇中心の人心統合を図るうえで、天皇の祭祀と庶民の祖先祭祀との統合を説きます。**忠孝一致が武士の統合を促すアイデアだとすれば、祭祀の体系化は庶民の人心統合を図る装置**といえるでしょう。

吉田松陰の人民主義

このように正志斎の『新論』は、西欧列強を打ち払う、すなわち**攘夷のための、尊王にもとづいた人心統合の必要性**を強く打ちだしています。しかしそれは、当然のことながら、倒幕をめざすものではありません。また、海岸線防衛のために、武士以外の階級から兵を募る民兵制度を提案していますが、それも士農工商という身分秩序を前提としての話です。

この『新論』を読んで感激し、**さらにラディカルな尊王攘夷の思想**を打ちだしたのが吉田松陰でした。吉田松陰は、明治から現代に至るまで、革命家、模範的ナショナリスト、ヒューマニスト、人民主義者など多様に解釈されてきた人物です。

長州藩（山口県）の下級藩士の次男として生まれた松蔭は、兵学師範だった叔父の養子となり、わずか九歳で兵学師範に就任するという早熟ぶりでした。

『新論』の影響を強く受けている松蔭ですから、尊王攘夷という点では後期水戸学と共通していますす。しかし松陰の場合、武士を頂点とする身分制度は絶対的なものではありません。なぜか。松陰は、**農工商という実業に携わる人民こそ国の根本であると**考えるからです。

武士は、人民に衣食住を養われている存在です。将軍も同様でしょう。ですから松陰は、武士が贅沢《ぜいたく》をして人民に驕《おご》り高ぶるような言動を示すことを厳しく非難します。松陰にとって、武士は人民に奉仕してこそ存在意義が与えられるものなのです。

松陰の言葉を見てみましょう。


およそ武士というものは、どれほど困窮しても、武士の覚悟を失わず、立身出世をしても富貴におぼれてふだんの志を失うことなく、正しい政治をして人民に恵みを与え、人民の期待にこたえるものだ。（斎藤訳。原文は『講孟余話』、『吉田松陰全集』第二巻、岩波

書店、四二一頁）

一君万民の構想

同様の視線は、将軍にも向けられます。征夷大将軍という存在は、天皇から命じられるものですが、松陰によれば、その仕事にふさわしい人間だけが就くことができる。したがって、将軍の仕事をおろそかにした場合は、すぐにこれを廃してもかまわないということになります。

幕府が正しい政治をしないのであれば、天皇は幕府を廃止してもかまわない。松陰にとって、天皇と人民の心は一体ですから、天皇の命令があれば、**人民による倒幕**も可能とされるのです。松陰はこういった思想を、孟子の易姓革命説（一〇九頁参照）から引きだしました。

ただし、天皇は別格です。日本は中国と異なり、高天原《たかまがはら》の神の血筋を引く天皇が、永遠に守り続ける国であり、それゆえにすべての人民は、天皇と喜憂を共有し、その他のことに心をわずらわされてはいけない、といいます。

そして、とうとうそれを現実的に考えなければならなくなりました。一八五八年、幕府が日米修好通商条約に調印すると、松陰は幕府の対外政策を激しく批判し、尊王倒幕論を

一君万民の思想

展開していきます。

ここで重要なことは、松陰は単純な攘夷論者ではないということです。むしろ国を開いて西洋式の軍備を積極的に採り入れながら、攘夷の準備を進めていこうという開国込みの攘夷戦略を説いていた。そのためには、身分の差にかかわりなく、一致団結して国を守らなければならない。水戸学では乗り越えられなかった身分制度の壁を突破し、天皇のもとでの国民皆兵の思想を松陰は説いたわけです。彼が日米修好通商条約に激怒したのは、そういった戦略的思考もなく、天皇の許可を受けることもなく、アメリカに都合のいい条約を結んでしまったからです。

では誰が倒幕するのか。もはや大名や藩に期待はできません。それどころか、「おそれながら天朝も」頼ることはできないとまで覚悟を決めます。こうして松陰は、**尊王攘夷の志を持つ草莽《そうもう》（在野）の人々の決起**に、天皇と人民が直接結びつく「一君万民」への政治改革を託したのです。

一八五八～五九年、幕府は攘夷派を徹底弾圧し（安政の大獄）、松陰は二九歳で斬首《ざんしゅ》の刑に処されました。彼の私塾である松下村塾《しょうかそんじゅく》からは、久坂玄瑞《くさかげんずい》（一八四〇～六四）、高杉晋作（一八三九～六七）などの幕末の志士や、伊藤博文（一八四一～一九〇九）、山縣有朋《やまがたありとも》（一八三八～一九二二）など、明治維新を牽引《けんいん》した人物が巣立っていきました。松陰は江戸時代屈指の思想家であるだけではなく、すぐれた教育者でもあったのです。

解答と解説

❶は「純粋な日本古来の神の道を説く復古神道を唱え」が誤り。これは国学の立場です。❸は「公武合体論を推進した」が誤り。会沢正志斎の尊王攘夷論に、幕府と朝廷の協調を推進する公武合体論は含まれていません。❹も「諸外国との平和な関係構築を目指した」が誤りです。したがって正解は❷。

V 西洋との格闘が始まった

——日本近代の思想

V章関連年表

年代	主な出来事	主な人物
1868年	明治維新、五箇条の誓文、神仏分離令	西周（1829～97） 福沢諭吉（1834～1901）
1873年	明治6年の政変、明六社結成	中江兆民（1847～1901）
1877年	西南戦争	森鷗外（1862～1922）
1889年	大日本帝国憲法発令	夏目漱石（1867～1916）
1894年	日清戦争（～95年）	西田幾多郎（1870～1945）
1902年	日英同盟締結	鈴木大拙（1870～1966）
1904年	日露戦争（～05年）	柳田国男（1875～1962）
1910年	韓国併合	田辺元（1885～1962）
1914年	第一次世界大戦（～18年）	九鬼周造（1888～1941）
1923年	関東大震災	和辻哲郎（1889～1960）
1925年	普通選挙法、治安維持法	三木清（1897～1945）
1929年	世界恐慌	
1931年	満州事変	丸山真男（1914～96）
1932年	5・15事件	
1936年	2・26事件	
1937年	日中戦争	
1939年	第二次世界大戦	
1941年	太平洋戦争	
1945年	ポツダム宣言、終戦	
1946年	日本国憲法公布	
1950年	朝鮮戦争（～53年）	
1951年	サンフランシスコ講和条約締結	
1955年	自由民主党結党、55年体制	
1960年	新安保条約締結	
1964年	東京オリンピック	

最終章はいよいよ近代日本思想のパートです。

高校倫理の教科書をひもとくと、近代日本を扱うパートは大勢の思想家が紹介されています。本章では、そのなかでとりわけ有名な四人に絞って、登場願うことにしました。

明治の新政府は、文明開化と富国強兵の二枚看板を掲げ、西洋の文物や制度を積極的に導入していきます。思想方面で、西洋思想を紹介する中心的な役割を果たしたグループが、**啓蒙思想家が集《つど》った明六社《めいろくしゃ》**です。

儒教を厳しく批判し、西洋的な個人の独立と国家の独立を訴えた**福沢諭吉《ゆきち》**も、明六社のメンバーでした（5-1参照）。福沢のほかにも、西洋思想全般の紹介や日本語への訳出に加え、政治や軍事、教育など幅広い分野で八面六臂《はちめんろっぴ》の活躍をした西周《あまね》（一八二九〜九七）、東洋のルソーと称され、自由民権運動の理論的指導者として活躍した中江兆民《ちょうみん》（一八四七〜一九〇二）など、日本近代の礎《いしずえ》を築いた錚々《そうそう》たる顔ぶれが並びます。

しかし、日清戦争に勝利した明治後半になると、知識人たちのなかで**西洋思想と伝統思想との葛藤《かっとう》**が主題化されていきます。ことに文学の世界では、**近代的自我をいかに確立するか**という問題が大きなテーマとなりました。

自我や個性の解放を主張するロマン主義文学と、自己や現実をありのままに描く自然主義文学は手法こそ対照的ですが、どちらも伝統的な価値観と衝突しながら、個人の内面的な自我を求めることの困難さを追求した点では共通しています。

近代日本文学を代表する**夏目漱石**もまた、西洋的な近代的自我の問題と格闘した作家でした。彼は、馴れ親しんだ漢文学と研究テーマである英文学との齟齬《そご》に苦しんだ留学時代の経験を経て、**他人の意見に左右されず、自分のやりたいことを貫く「自己本位」の生きかた**を獲得しました。しかし、自己本位とエゴイズムは紙一重です。『それから』『こゝろ』といった作品では、こうした**エゴイズムの問題**が正面から取りあげられることになります（5‐2参照）。

漱石とほぼ同世代の哲学者・**西田幾多郎《きたろう》**は、当時の最先端の西洋哲学と格闘しながら、「西田哲学」と称される独自の哲学を打ち立てました。西田は『働くものから見るものへ』という著作の序文で、次のように述べています。

幾千年来我等の祖先を孕《はら》み来つた東洋文化の根柢《こんてい》には、形なきものの形を見、声なきものの声を聞くと云つた様なものが潜んで居るのではなからうか。我々の心は此の如きものを求めて已《や》まない、私はかゝる要求に哲学的根拠を与へて見たいと思ふのであ

る。（『西田幾多郎全集』第四巻、岩波書店、六頁）

漱石のバックグラウンドに漢文学があったように、西田幾多郎の背景には約一〇年にわたる禅修行がありました。主体と客体、有と無といった二分法以前の状態を追究した「**純粋経験**」「**絶対無**」といった西田独特の概念が、仏教思想から大きな糧を得ていることは多くの論者が指摘していることです。彼の西洋哲学との格闘は「形なきものの形を見、声なきものの声を聞く」東洋文化に哲学的な根拠を与えることでもあったのです（5-3参照）。

和辻哲郎は、倫理学という点では西田哲学以上に後世に影響を与えた哲学者です。そして和辻倫理学の最重要概念である「**間柄的存在**《あいだがらてき》」の背後には、仏教の「空」や縁起からの影響があることが指摘されています（5-4参照）。ただし、西田哲学や和辻倫理学を「東洋的」とだけ理解するのは一面的でしょう。彼らは同時代の哲学・思想を貪欲《どんよく》に吸収しながら、新たな普遍性の確立にチャレンジした哲学者でした。

5 - 1

一身独立して一国独立する

福沢諭吉の啓蒙思想

本節では、明治初期の代表的な啓蒙思想家である福沢諭吉の思想を扱います。引用したセンター試験は、有名な『学問のすゝめ』の文章です。近代西洋をモデルとした福沢ですが、無批判に受容することには批判的だった点を、資料文から読み取ってください。

問23 **次の文章は、福沢諭吉が、西洋由来の学問を支える懐疑の精神について述べた一節である。ここに説かれた内容の説明として最も適当なものを、❶〜❹のうちから一つ選べ。**

信の世界に偽詐《ぎさ》多く、疑いの世界に真理多し。……文明の進歩は、天地の間にある働きの趣を詮索して真実を発明するにあり。西洋諸国の人民が今日の文明に達したるその源を尋ぬれば、疑いの一点より出《い》でざるものなし。……東西の人民、風俗を別にし情意を殊にし、数千百年の久しき、おのおのその国土に行われたる習慣は、とみに*これを移すべからず。……西洋の文明もとより慕《した》うべし。これを慕いこれに倣《なら》わんとして日もまた足らず**といえども、軽々《けいけい》これを信ずるは信ぜざるの優に若《し》かず。……よく東西の事物を比較し、信ずべきを信じ、疑うべきを疑い、信疑取捨そのよろしきを得んとするはまた難きにあらずや。……学者勉《つと》めざるべからざるなり。（『学問のすゝめ』より）

＊とみに：急に　にわかに

＊＊日もまた足らず：（そのための）時間も足りない

❶西洋文明は、既存の知識を疑い、真実を探ろうとする精神によって、進歩してきた。日本人もこれに倣うべきだが、軽々しく旧来の習慣を捨てて西洋文明を摂取しようとする態度は、否定されなければならない。

❷物事を信じるところには偽りが多く、むしろそれを疑うところに真実が見いだされる。日本人は西洋的な懐疑の精神に倣うべきであり、長い歴史のなかで根づいてき

た習慣も、これを速やかに改めなければならない。

❸西洋文明は、既存の知識を疑い、真実を探ろうとする精神によって、進歩してきた。しかし、最終的には、信じるべきものを信じることが求められる以上、懐疑の精神それ自体も疑われなくてはならない。

❹物事を信じるところには偽りが多く、むしろそれを疑うところに真実が見いだされる。ただし、東西の文化はそれぞれ固有なものであり、長い歴史のなかで根づいてきた自国の習慣に限っては、これを疑ってはならない。

（二〇一五年・センター本試験　第3問・問7）

啓蒙思想の登場

水戸学や吉田松陰の強い影響を受け、尊王攘夷を掲げた倒幕運動でしたが、結果として生まれた明治国家は尊王開国を推進し、西洋の制度や技術を積極的に取り入れていきます。誤解のないように言っておくと、江戸時代が西洋の知識に消極的だったわけではありません。それどころか、蘭学や洋学の発達からもわかるように、江戸期をつうじて西洋文化受容への意欲は高まっていく一方でした。そういった下地があって、明治の文明開化が進展していったわけです。

明治に入り、西洋の学問や思想、文化を積極的に紹介したのが、**明六社**という啓蒙思想家の団体です。一八七三年＝明治六年に結成されたからこのように名づけられました。

福沢諭吉（一八三四〜一九〇一）もこの明六社のメンバーの一人でした。豊前中津藩《ぶぜんなかつ》（大分県）の下級藩士の子として生まれた福沢は、二一歳のときに大坂に出て、緒方洪庵《おがたこうあん》（一八一〇〜六三）が主宰する適塾《てきじゅく》で洋学を学び、幕末には三度にわたって欧米を視察する機会に恵まれました。その経験を生かして、明六社の発行する「明六雑誌」に多くの論考を発表するとともに、『西洋事情』『学問のすゝめ』『文明論之概略』などの著作を刊行し、西洋思想の啓蒙に大きな役割を果たしたのです。

日本は「半開」の国

福沢諭吉は『文明論之概略』のなかで、人類史は「野蛮」から「半開」、「半開」から「文明」へ発展するという**進歩主義的な歴史観**を示し、**当時の日本は半開の状態にある**と診断しています。文明はヨーロッパやアメリカ、野蛮はアフリカやオーストラリア、半開はトルコ、中国、日本といったアジア諸国です。

ただし福沢は「今の西洋諸国を以て満足す可《べ》きに非ざるなり」と述べているように、単純に欧米を礼讃しているわけではありません。野蛮、半開、文明という区分はあくまで相対的なものであり、野蛮から見ると半開も文明に見える。あるいは、遠い将来、世界の人々の智徳が発展し、世界全体が「太平安楽の極度に至る」ような時代からは、いまの西洋諸国の様子は野蛮な状態として嘆かれるだろう、と福沢は述べています。

こうした進歩主義な歴史観にもとづいて、福沢は**儒教を厳しく批判します**。すでに説明してきたように、儒教は古代の聖人や先王の政治に理想を求めます。それは福沢から見れば、人類の進歩にブレーキをかけるような発想であり、進歩主義とは相容れません。

さらに、福沢が儒教を批判する背景には、中津藩時代に経験した、理不尽な身分格差に対する怒りもありました。

福沢の有名な自伝『福翁自伝』の冒頭には、自身の父や幼少期のことが記されています。下級藩士だった父は、漢学者でもありました。しかし、仕事の内容は金銭勘定のような俗事ばかり。封建制度のために出世は見込めず、諭吉が数え年三歳のときに病死しました。諭吉は母から、父には自分を坊主にする心づもりがあったことを聞かされます。諭吉は福沢家の五男で、このまま育っても名を成すようなことはできない。でも坊主ならば、生まれの身分が低くても、大僧正になることができるかもしれない。そんな思いから、父は諭吉が一〇歳、一一歳ぐらいになったら寺に出して坊主にすると、母に何度も語っていたことを知るのです。

能力ある者を抑圧する身分制度やそれを正当化する儒教的価値観に引きずられたままでは、日本は西洋に追いつくことはできない。これが、福沢が日本に下した現状診断でした。

実学を学べば独立心が発達する

では、日本はどうするべきか。福沢は東洋の儒教主義と西洋の文明主義を比較したとき、東洋にないものは**「数理学」**と**「独立心」**の二つであるといい、自身が設立した慶應義塾の教育方針にもこの二つの柱を掲げます。

数理学とは、**数学や合理性に立脚した近代科学に代表される「実学」**のことです。福沢は江戸期の教育の中心であった漢学を否定し、西洋的な学問の導入を教育の根本に置きました。

一方、独立心とは、**なにかを鵜呑《うの》みにして信じたり、何も考えずに依存するのではなく、自分で考えて判断し、行動する精神**のことです。『学問のすゝめ』の有名な一節「「天は人の上に人を造らず、人の下に人を造らず」といへり」（福沢諭吉『学問のすゝめ』講談社学術文庫、一七頁）は、人間は生まれながらにして平等な権利を持つという天賦《てんぷ》人権論を主張する言葉です。しかし続けて、福沢は次のように言います。

人は生まれながらにして貴賤・貧富の別なし。ただ学問を勤めて物事をよく知る者は、貴人となり富人となり、無学なる者は、貧人となり下人《げにん》となるなり。（同前、一八〜一九頁）

したがって、「数理学」と「独立心」は、**実学を学ぶことで独立心が発達する**という理路でつながっているわけです。さらに福沢は、日本人がみな学問をたしなめば、「身も独立し、家も独立し、天下国家も独立」（同前、二〇頁）することができると説きます。

福沢はこんな例を出して「**一身独立して一国独立する**」ことを説明しています。

たとえば一〇〇万人の国があるとする。そのうち一〇〇〇人は智者で、残りは無智の人民だったらどうなるか。智者が能力を発揮して、国内は安穏に治まることはあるかもしれないが、国のことを真剣に考えるのは一〇〇〇人だけで、残りはこの一〇〇〇人のように

必要なのは「数理学」と「独立心」

国のことを心配はしないだろう。仮に外国と戦争することになれば、自分たちは統治されている人間であり、国のために命を捨てるなんてもったいないと、逃亡する者も多いにちがいない。ならば、一〇〇万人の国といっても、国を守る人間はごく少数にかぎられ、とても一国の独立は叶わない、と。逆に、日本人がみな自由独立の気概を持っていれば、国中の人間が日本という国家を自分自身の問題と考え、積極的に国を守ろうとする。だからこそ、独立した近代国家をつくりあげるためには、**まず一人ひとりの国民が独立自尊の精神を持たねばならない**、と福沢は言うのです。

なぜ福沢は脱亜論を唱えたのか

福沢は、現実の政治に対しても積極的に発言を続けました。そのなかでも有名な主張が一八八五年に発表した「脱亜論」です。**「脱亜」とはアジアを脱するということ**。ではなぜ、福沢は脱亜論を説いたのでしょうか。

この論説文のなかで福沢は、日本国民の精神は西洋文明に移ったことを指摘します。一方、隣国の中国や朝鮮は、儒教主義にとどまったままで、開明化を待ってはいられない。そこで日本は今後、この二国と連帯してアジアを興そうなどとは考えず、西洋の文明国と行動をともにするべきだと説きました。

この時期の欧米諸国は、帝国主義のもと、積極的に植民地争奪戦を繰り広げていた時代です。さらに隣国の朝鮮では、改革派が政治的に挫折してしまった。こうした情勢をにらんで、福沢は**日本の独立維持のために**、脱亜論を発表したのでしょう。

この時期の福沢は、下からの自由民権運動に対しても、国内分裂を促してしまうと批判し、政府と民間が歩調を合わせる官民調和を説きました。

こうした福沢の議論を「帝国主義的」あるいは「資本主義的」と批判することも可能でしょう。しかし、維新直後の混迷期にあって、旧来の伝統を批判しながら独立自尊の必要性を説いたその批判精神から、現代人はまだ学ぶべきことがあるのではないでしょうか。

解答と解説

引用文の大意を確認しておきましょう。冒頭の「信の世界に偽詐多く、疑いの世界に真理多し」とは、物事を無批判に鵜呑みにする世界には偽りが多く、懐疑的な態度が根づく世界では真理に近づいていける、ということです。三文目では、西洋諸国で文明の発達した根源には、懐疑の精神があることが述べられています。

そして「東西の人民」以降では、西洋の文明を軽率に取り入れることに注意を促し、慎重に吟味を重ねて取捨選択することの必要性を説いています。

以上をふまえて選択肢を検討すると、正解は❶とわかります。❷は「長い歴史のなかで根づいてきた習慣も、これを速やかに改めなければならない」が誤り。拙速に変えてはいけない、というのが引用文の趣旨です。❸❹はそれぞれ「懐疑の精神それ自体も疑われなくてはならない」「長い歴史のなかで根づいてきた自国の習慣に限っては、これを疑ってはならない」が、引用文にない内容なので誤りです。

5-2

近代的自我との格闘

夏目漱石の思想

本節では、文豪・夏目漱石の思想を扱います。文学者の夏目漱石が思想家として取りあげられることに違和感を覚える人もいるかもしれませんが、センター試験の倫理では、頻繁に出題されています。以下は、そのなかでもユニークな問題を引用しました。『それから』の一節を読み、そこで表現されている漱石の考えを解答させる設問です。なお、問題文にある「儒学の徳目」とは、第Ⅱ章で紹介した四徳や五倫（一〇六〜一〇八頁参照）のことです。

問24 **次の文章は、夏目漱石『それから』の一節である。近代における儒学の徳目理解の変化について、主人公・代助を通じて漱石が表現しようとした考えを説明する文として最も適当なものを、❶〜❹のうちから一つ選べ。**（原文を一部省略・変更して引用した。）

親爺《おやじ》の頭の上に、「誠者天之道也《はのなり》」という額が麗々と掛けてある。先代の旧藩主に書いてもらったとか言って、親爺はもっとも珍重している。代助はこの額がはなはだ嫌である。だいいち字が嫌だ。そのうえ文句が気にくわない。「誠は天の道なり」の後へ、「人の道にあらず」と付け加えたいような心持ちがする。（中略――旧藩士であった代助の父、長井には、町人に頭を下げて藩財政を再建した功績によって、この額をもらったという過去があった。）

こういう過去の歴史を持っていて、この過去の歴史以外には、一歩も踏み出して考える事を敢《あ》えてしない長井は、何によらず、誠実と熱心へ持って行きたがる。

「お前は、どういうものか、誠実と熱心が欠けているようだ。それじゃいかん。だから何にもできないんだ」

「誠実も熱心もあるんですが、ただ人事上に応用できないんです」

「どういう訳で」

代助はまた返答に窮した。代助の考えによると、誠実だろうが、熱心だろうが、自分が出来合いの奴《やつ》を胸に蓄えているんじゃなくって、石と鉄と触れて火花の出るように、相手次第で摩擦の具合がうまく行けば、当事者二人の間に起こるべき現象である。自分の有する性質というよりはむしろ精神の交換作用である。だから相手が悪くっては起こりようがない。

「お父さんは論語だの、王陽明だのという、金の延金《のべがね》を呑《の》んでいらっしゃるから、そういう事をおっしゃるんでしょう」

❶他者との関係を断ち切った個人主義的な徳目こそが、近世とは異なった形で要求されていると考えている。

❷伝統的な徳目を人生の指針として保持できるように、従来の生活習慣に戻すべきであると考えている。

❸人と人との生き生きした関わりの中で徳目を捉えずに、その解釈が硬直化してしまったと考えている。

❹徳目の意味は時代の変化に影響されることがないので、本来の意味を厳密に守り、そこからの逸脱を避けて理解すべきであると考えている。

（二〇〇一年・センター追試験　第3問・問7、設問文を一部変更）

近代的自我とは何か

前節で見たように、明治の世になると、さまざまな分野の西洋思想が次々と日本に入ってきました。それは当然、国家や社会のありかたのみならず、人々の生きかたにも影響をおよぼします。とりわけ明治中期以降、西暦でいえば一八九〇年代以降になると、思想や文学のなかでは**「近代的自我」**というものが大きなテーマとなっていきます。

そもそも、近代的自我とは何でしょうか。簡単にいえば、内面的な自分のことです。近代以前は、農民の子は農民、武士の子は武士という具合に、身分は固定化されていました。しかし近代になると、身分制度がなくなり、人々は自由な生きかたを選べるようになります。そうなると、「自分は何のために生きるのか」「自分はどのように生きるべきか」という人生の問いと直面せざるをえません。このように、**近代社会の自由を背景にして、自分の存在意義や生きかたを問い直すような自我のありかた**を近代的自我といいます。

近代的自我は、西欧で生まれた概念です。近代的自我に目覚めた西欧人は、不合理な伝統や因習を否定して、自由で平等な近代市民社会の担い手となっていきました。

一方、日本の明治期においては、制度や技術の近代化は急激に進んだものの、多くの人々は、儒教的な価値観をすくなからずひきずっていました。その現実と向きあい葛藤しながら、**いかに近代的自我を確立するか**が当時の知識人の大きな課題となったのです。

「他人本位」から「自己本位」へのシフト

近代的自我との格闘は、作家や思想家にとっても重要なテーマとなりましたが、この問題と最も真剣に向きあったのが、作家の**夏目漱石**（一八六七〜一九一六）でした。

漱石は三三歳のときに、英文学を研究するためにイギリスに留学しましたが、そこで「文学とは何か」という問題の探求に根を詰めるあまり、神経衰弱に陥ってしまいます。なぜ漱石は「文学とは何か」という根本的な問題に取り組もうと考えるに至ったのでしょうか。有名な「私の個人主義」という講演録のなかに、そのいきさつが記されています。

漱石は、留学当初の自分を「**他人本位**」という言葉で表現しています。他人本位とは、**他人の受け売り**のこと。漱石の言葉を見てみましょう。

ましてその頃は西洋人のいう事だといえば何でも蚊《か》でも盲従して威張ったものです。だから無暗《むやみ》に片仮名を並べて人に吹聴して得意がった男が比々《ひひ》皆これなりといいたいくらいごろごろしていました。他《ひと》の悪口ではありません。かくいう私が現にそれだったのです。譬《たと》えばある西洋人が甲という同じ西洋人の作物を評したのを読んだとすると、その評の当否はまるで考えずに、自分の腑《ふ》に落ちようが落ちまいが、無暗にその評を触れ散らかすのです。（「私の個人主義」、夏目漱石『私の個人主義』講談社学術文庫、一三四頁）

現代人でも耳の痛くなるような一節です。しかし漱石によれば、こうした他人本位のままでは、「人の借着をして威張っているのだから」（同前）、いつまでたっても安心することができず、いくら本を読んでも腹の足しにならない。そのことに気づいたときにはじめて漱石は、「文学とはどんなものであるか、その概念を根本的に自力で作り上げるより外《ほか》に、私を救う途《みち》はないのだと悟った」（同前、一三三頁）といいます。

では、漱石はどのようにして自らの精神的危機を克服したのか。それを象徴するのが**「自己本位」**という言葉です。

漱石のいう自己本位は、自分勝手とは違い、**他人の意見に流されず、自分に立脚して生きる態度**のことをいいます。現代の言葉ならば「ブレない自分」と言い換えてもいいかもしれません。漱石は「この自己本位という言葉を自分の手に握ってから大変強くなりました。彼ら何者ぞやと気概が出ました」（同前、一三六頁）と語っています。

自己本位とは、**西洋コンプレックスに屈しないためのお守りのような言葉**だったのです。

日本も内発的開化を目指すべきか

「他人本位」と「自己本位」という対比は、国家や社会のありかたについてもあてはまります。それを示すのが**「外発的開化」**と**「内発的開化」**の違いです。漱石は「現代日本の開化」という講演で、日本の文明開化を「外発的開化」と診断しています。

漱石に言わせると、日本の開化は、テーブルの食事を味わい尽くすどころか、どんな料理が出たのかすら把握しないうちに皿がさげられ、新しい料理が並べられているような状態です。つまり、次々に入ってくる西洋文化を、内発的に吟味して消化するのではなく、無批判に受け容れてしまっているわけです。

ならば、漱石自身が「他人本位」から「自己本位」へと舵を切ったように、日本も内発的開化をめざすべきだと考えたくなります。ところが国家の場合は、そう簡単ではありません。実際、漱石は「それ〔引用者注：上滑《うわすべ》りな開化〕が悪いからお止《よ》しなさいというので

「自己本位＝内発的開化」と「他人本位＝外発的開化」

はない。（中略）涙を呑んで上滑りに滑って行かなければならない」（「現代日本の開化」、同前、六二頁）とまで言うのです。

なぜか。**西洋が一〇〇年かかって発展させてきた文化を、日本が短期間で内発的に成し遂げようとしたら、それはそれでたいへんな疲弊を招いてしまうからです。**この講演では次のように悲観的な結論が語られています。

今言った現代日本が置かれたる特殊の状況によって吾々の開化が機械的に変化を余儀なくされるためにただ上皮《うわかわ》を滑って行き、また滑るまいと思って踏張《ふんば》るために神経衰弱になるとすれば、どうも日本人は気の毒と言わんか憐《あわ》れと言わんか、誠に言語道断の窮状に陥ったものであります。／私の結論はそれだけに過ぎない。（同前、六四頁）

ここには、漱石自身が文学研究で経験した神経衰弱も念頭に置かれているのでしょう。漱石はたいへんな煩悶《はんもん》や懊悩《おうのう》をおぼえながらも、自己本位の境地にたどりついた。しかし、社会全体が神経衰弱を経験することは、手放しで勧められることではありません。だから歯切れの悪い言葉にならざるをえないのです。

『それから』の代助は自己本位か、エゴイズムか

漱石が本格的に作家としてデビューしたのは意外と遅く、はじめての小説『吾輩は猫である』は、彼が三八歳を迎える一九〇五年に発表されたものです。以後、『それから』や『こゝろ』など、多くの作品で漱石は、自我やエゴイズムの問題を追求していきました。漱石は、自我について次のように述べています。

近頃自我とか自覚とか唱えていくら自分の勝手な真似をしても構わないという符徴に使うようですが、その中にははなはだ怪しいのが沢山あります。彼らは自分の自我をあくまで尊重するような事をいいながら、他人の自我に至っては毫《ごう》も認めていないのです。(「私の個人主義」、同前、一四四頁)

自分さえよければよいと自分の自我だけを尊重すれば、それはエゴイズムになってしまうでしょう。ですから漱石は、**自分の自由や個性だけでなく、他人の自由や個性を認めなければ正義に反すると**考えるのです。

しかし現実には、理想的な自己本位、あるいは自我の確立と、エゴイズムとはきっぱり区別できるものではありません。自分に忠実であろうとする生きかたが、社会通念やモラル、他者の幸福と衝突することもしばしばです。漱石が描く作品には、こうした**自分と他者、自分と社会とのあいだの矛盾に引き裂かれ苦悩する主人公**がたびたび登場します。

たとえば、冒頭のセンター試験で引用されている『それから』という作品は、二つの側面から自我という主題を扱っています。

まず、主人公・代助と父との関係です。引用文にあるように、代助の父は、「誠者天之道也」という額を珍重するほど、儒教的な価値観に染まっている。しかし、代助の目からは、それは家父長制を盾《たて》にとって、自分の都合のいいように事を進める人間にしか見えません。「代助は父に対する毎《ごと》に、父は自己を隠蔽《いんぺい》する偽君子《ぎくんし》か、もしくは分別の足らない愚物か、何方《どち》かでなくてはならない様な気がした。そうして、そう云う気がするのが厭《いや》でならなかった」（『それから』新潮文庫、一四五頁）のです。ここには、世間的なしがらみを嫌って、自己本位に生きようとする姿がうかがえます。

第二の側面は、三角関係です。主人公・代助は、友人の妻（三千代）に思いを寄せ、結婚に踏み切ろうとする。しかし、その関係をつくるまでのやりかたは相当に身勝手なエゴイズムにしか見えません。もちろん当の友人はもとより、代助の家族はそれを許さない。定職にも就かず、親や兄の金をあてにして読書や思索に耽《ふけ》る**高等遊民**だった代助は、兄から勘当《かんどう》を告げられてしまいます。

自己本位でもありエゴイズムでもある代助の生きかたは、はたして肯定できるものなのか。小説に解答はありません。**外発的開化に甘んじざるをえない日本で、自己本位に生きる。漱石は、その苦悩を一身に体現した文学者であり、思想家だったのです。**

解答と解説

引用されている小説では、儒教的な徳目に無反省にしがみつく父（長井）は、「この過去の歴史以外には、一歩も踏み出して考える事を敢えてしない長井は、何によらず、誠実と熱心へ持って行きたがる」と批判的に描かれています。一方、代助は、誠実や熱心といった徳目は、「自分の有する性質というよりはむしろ精神の交換作用である」とあるように、人と人との関係のなかで捉えるべきものだと考えています。この対比がわかれば、解答は❸を選べるでしょう。

5 - 3

純粋経験から絶対無へ 西田幾多郎の無の哲学

本節では、前節で見た夏目漱石の同世代人であり、近代日本を代表する哲学者である西田幾多郎に登場願います。引用したセンター試験の問題は、具体的事例を通じて、前期西田哲学の重要概念である純粋経験を理解しているかどうかを問うものです。

問25 次のア〜ウのうち、西田幾多郎の説く純粋経験に当てはまる事例として適切なものはどれか。その組合せとして最も適当なものを、❶〜❼のうちから一つ選べ。

ア　Aさんは、合唱をしているうちに、自分の歌声の音程がずれていることに気づき、隣りの人の声に合わせながら歌った。

イ　Bさんは、鏡を見ながら自画像を描いているうちに、自分の姿を描いていることも忘れて、筆を動かし続けた。

ウ　Cさんは、幼少期のアルバムを眺めているうちに、今はもう忘れているが、自分にもこういう無垢《むく》なころがあったのだと思い至った。

❶ア　❷イ　❸ウ　❹アとイ　❺アとウ　❻イとウ　❼アとイとウ

（二〇一六年・センター本試験　第3問・問8）

「日本における哲学の独立宣言書」登場

冒頭に「哲学者」と書きましたが、「哲学」という言葉が日本で普及したのは幕末以降のこと。福沢諭吉と同じ明六社（二三三頁参照）で活躍した思想家の西周が、フィロソフィー（philosophy）を「希哲学」と訳したことに始まります。フィロソフィーの語源であるギリシヤ語の「フィロソフィア」とは、**知を愛するということ**です。西周はこの意味を汲《く》み、「哲（知恵）を希《こいねが》う学問」と考え、「希哲学」という訳語をつくった。その後、「希」が抜けて「哲学」となったわけです。

明治時代になると、東京大学の哲学科を中心に積極的に西洋哲学が摂取されるようになりました。それにともなって、単に西洋哲学を学ぶだけではなく、日本あるいは東洋の思想的伝統もふまえて、新たな哲学や思想を確立しようとする人々も登場します。戦前日本で、その頂点に位置する哲学者が**西田幾多郎**（一八七〇〜一九四五）です。

西田幾多郎の名を広く世に知らしめた著作に、『善の研究』という哲学書があります。四〇歳で京都帝国大学助教授に就任し、その翌年に出版されたものです。西田哲学に関して多くの著作を持つ小坂国継さんは、『善の研究』の意義を次のように述べています。

我が国に哲学が受容されて以後、単なる西洋哲学の紹介や解説の段階を脱して、日本人が真の意味で独立した独自の哲学をもったのは西田幾多郎の『善の研究』をもって嚆矢《こうし》とする。『善の研究』は日本の最初の自前《じまえ》の哲学書であり、いわば日本における哲学の独立宣言書の役割を担うものであった。（西田幾多郎著、小坂国継全注釈『善の研究』、講談社学術文庫、四七〇頁）

では、小坂さんが「日本における哲学の独立宣言書」と評する『善の研究』とはどのような本なのか。そこで展開される最も重要な概念が**「純粋経験」**と呼ばれるものです。

純粋経験とは何か

まず、純粋経験の説明から入りましょう。私たちはふだん、自分と物とを分けて事物を認識しているように感じます。たとえば、歩いているとクルマが目に入る。このとき、主体である私が、客体であるクルマを見たと思うわけです。

しかし西田によると、こうした主体である私が客体であるクルマを認識するという経験は、純粋な経験とは呼べません。純粋経験は次のように説明されています。

純粋というのは、（中略）毫《ごう》も思慮分別を加えない、真に経験そのままの状態をいうのである。例えば、色を見、音を聞く刹那《せつな》、未だこれが外物の作用であるとか、我がこれを感じているかというような考えのないのみならず、この色、この音は何であるという判断すら加わらない前をいうのである。（同前、三〇頁）

つまり、純粋経験とは、「あ、クルマだ」という**判断以前の意識状態**と考えればいいでしょう。その典型は、赤ん坊の意識を想像するといいかもしれません。赤ん坊は、何かが目や耳に入ってきても「この色、この音は何であるという判断」をしていません。そこでは、主体と客体は分かれていない。すなわち**「主客《しゅかく》未分」の状態**です。

そうすると、ある程度成長をして、物心がついてしまったら、純粋経験は成立しないのではないか、と疑問に思う人もいるかもしれません。

そうではありません。たとえば西田は、純粋経験の例として、美しい音楽に心を奪われる経験を挙げています。そういった状況では、「自分が音楽を聴いている」という判断は意識化されず、自分と音楽があたかも一つに溶けあっているような感覚になります。

あるいは、絵を描くのに没頭したり、数学の問題を解くのに夢中になったりする経験を挙げてもいいでしょう。ここでも主体と客体の区別はありません。

西田によれば、**あらゆる経験の根源はこうした純粋経験であり、そこになんらかの判断が加わることで、主体と客体を別々に意識するようになる**といいます。心奪われる音楽を聴いたあとで、「ああ、すばらしい演奏だったな」と思う段階は、すでにある種の判断がなされているわけです。

純粋経験

私
美しい景色に見とれているとき
私と景色の区別はない
何かに没頭しているとき
私と対象の区別はない
私
美しい音楽に
聞き惚れているとき
または夢中で
曲を奏でているとき
私と音楽の区別はない
私
何かをボーっと見ているとき
私と対象の区別はない
私
不意によい香りを
嗅いだとき
私と対象の
区別はない
私
何かを集中して考えているとき
私と対象の区別はない
B
私
A

「私の経験」は「世界の経験」と重なっていく

ただし、この主客未分の純粋経験という考えかたじたいは、西田の専売特許ではありません。説明は省きますが、同時代に活躍したアメリカの哲学者ウィリアム・ジェームズ（一八四二〜一九一〇）やフランスの哲学者アンリ・ベルクソン（一八五九〜一九四一）など、すでに欧米では主客未分の純粋経験から人間の認識を説明しようとする哲学はありました。とくに『善の研究』では、ジェームズの哲学がしばしば参照されています。

では、『善の研究』の独創性はどこにあるのでしょうか。それは、西田の純粋経験が、個人の認識の原理だけではなく、**世界のありかたそのものを説明する原理でもある**ことに求められます。

順番に説明しましょう。まず西田は、純粋経験とは「真実在（本当の実在）」であり、「知・情・意（知性・感情・意志）」もまた一体になっている経験だといいます。

これは先述した、何かに没頭する経験を考えればいいでしょう。音楽に聞き惚《ほ》れている状態では、知識や感情、意志という区分などありません。それらは一体となっています。

西田は、生きることのすべてにわたり、こういった純粋経験の境地を得ることを善の実現と考えているのです。おそらくこういった境地は、西田が禅の経験をとおして感得した境地と通じているのでしょう。

ここで重要なことは、こうした西田の純粋経験は単に個人の卓越した境地だけを説明するものではないということです。主客未分ということは、**自分と世界とのあいだに区別がない**ということです。したがって、**個人が善を実現することは、世界の善の実現でもある。**西田の言葉を見てみましょう。

> 善とは一言にていえば人格の実現である。これを内より見れば、真摯《しんし》なる要求の満足、すなわち意識統一であって、その極は自他相忘れ、主客相没するという所に到らねばならぬ。外に現われたる事実としてみれば、小は個人性の発展より、進んで人類一般の統一的発達に到ってその頂点に達するのである。（同前、三六九頁）

この引用からもわかるように、西田にとっての純粋経験とは、**私＝世界の経験**なのです。

こうした個人の経験と世界の経験を重ねる西田哲学は、ヘーゲル哲学からも大きな影響を受けています。ヘーゲル（一七七〇〜一八三一）は、世界のすべての存在を成り立たせるものは精神（ガイスト）と考え、精神の成長を、歴史の発展として描き出しました（ヘーゲルの「精神」については、前著『試験に出る哲学』の一六八〜一七一頁を参照してください)。
それになぞらえれば、西田は、純粋経験こそ世界のすべての存在を成り立たせていると考え、**知・情・意を統一する力が世界にははたらいていると考えるのです。**

主客未分の場所

西田は、晩年に『善の研究』の版を新たにする際、「今日から見れば、この書の立場は意識の立場であり、心理主義的とも考えられるであろう。然《しか》非難せられてもいたし方《かた》はない」(同前、一三頁)と述懐しています。たとえば先述した音楽に心が奪われるような経験を、どうしても私たちは意識や心理という点から理解してしまう。いくら主客未分とはいえ、「純粋経験」という概念には、経験する意識や心理が想定されてしまうわけです。

ただし、先の引用に続けて西田は、「しかし、この書を書いた時代においても、私の考えの奥底に潜むものは単にそれだけのものでなかったと思う」(同前)と綴っています。では、こういった課題を西田はどのように乗り越えたのか。晩年の西田が行き着いたのが「場所」という考えです。彼のいう場所の論理とは、**あらゆる事物がそこから生成されることを説明する概念**です。西田の説明を見てみましょう。

個物は一つとして考えられない、必ず個物というものは他の個物というものを認めることになっている。自己自身の否定によって個物は個物となる。（中略）個物が成りたつという関係がそれがすなわち場所であって、それが本当にアルゲマイネ〔引用者注：一般のこと〕というものである。それが一というものである。だからしてこの場所というものは一である。（『現実の世界の論理的構造』、上山春平編『日本の名著47 西田幾多郎』、中央公論社、三九三〜三九四頁）

どんな事物であれ、それが個体として現れるためには、別の個体を必要とします。たとえば世界に私しか存在しなければ、「私」という概念は必要ありません。私と異なる別の人間がいるからこそ、「私」や「あなた」という個が生じます。これが「自己自身の否定によって個物は個物となる」ということです。そして、**「私」や「あなた」という関係が成立するもう一段深い土俵のようなもの**を、西田は「場所」と呼ぶのです。

ここまでは、それほど難しいことを言っているわけではありません。たとえば、赤と（赤ではない）緑は、色が場所になります。机と（机ではない）イスであれば、空間が場所です。

さらに西田は、何かを考えたり意識したりする意識現象もまた「意識の野」という場所で成立するといいます。わかりやすくいえば、思考や認識が成立する場といえるでしょう。

危うくも豊饒な「無の思想」

難しいのはここからです。何かが成立する場所じたいもまた、それを包含する場所で成立するはずです。イメージ的にいえば、相撲《すもう》は土俵で成立し、土俵は両国国技館で成立する。この考えを極端にしていくと、あらゆる事物を包含する、**まったく区別のない場所、有と無という区別すらない場所**を考えることができます。いわば、場所の場所の場所の……と場所を包んでいったときの行き止まりの場所です。それを西田は「**絶対無の場所**」といいました。

これも比喩的に説明するしかありませんが、言葉を覚えてしまった私たちは、言葉のない世界というものをうまく想像することができません。「言葉のない世界」ということもまた、言葉を通じてしか表現できません。

しかし、言葉がどのように生まれたのかを論理的に考えていくと、「言葉がある／言葉がない」という区別さえない状態を想定せざるをえません。もはやそれがどのような状態か、私たちにはわかりません。

それと同じように、何かがあるとか、何かがないという状態より前に、**有と無の区別を成立させるような、端的な無が先立っていなければならない**。そういった場所を西田は「絶対無」というのです。

こうした西田の無の哲学は、彼の弟子たちに継承され、やがて**京都学派**というグループを形成していきます。彼らは無の哲学に、主観と客観、精神と物体を区分する西洋の二元論的な思想を超える可能性を看取し、それぞれ独自の哲学や思想を発展させていきました。

しかし無の思想は、主体と客体の非対称的な関係を弱める一方で、個々人のあいだにある差異の根底に同一性を見いだしてしまうという副作用もあります。主客の区別が成立しない以上、私もあなたも同一の存在というわけです。

実際、京都学派の一群は、無の思想によって大東亜共栄圏を正当化するような言論を発しました。東アジアの諸民族には差異がないので、欧米の勢力を排除したうえで、日本が盟主となって共存しようという発想に至り、結果的には日本のアジア侵略を理論的に支えることになったのです。

むろんそれだけをもって無の思想を断罪することはできませんが、無の思想を、日本思想や東洋思想のエッセンスとして手放しで称揚することも慎《つつし》まなければなりません。むしろ西田にせよ、京都学派の思想家たちにせよ、彼らは同時代の西洋哲学、あるいは仏教、老荘思想、儒教をも積極的に吸収し咀嚼《そしゃく》しながら、自らの哲学を彫琢《ちょうたく》していった。**彼らの危うくも豊饒《ほうじょう》な思想は、そういった知的な交通のなかから生まれた**と考えるべきでしょう。

解答と解説

純粋経験とは、判断や思慮がはたらく以前の意識であることをふまえて、それぞれの選択肢を検討しましょう。アは、「自分の歌声の音程がずれていることに気づき」という判断がはたらいているので、純粋経験とはいえません。イは、「自分の姿を描いていることも忘れて」と、判断や思慮がはたらくことなく描くことに没頭しているので、純粋経験の事例といえます。ウの「自分にもこういう無垢なところがあったのだと思い至った」は、反省的な判断なので、純粋経験とはいえません。よって正解は❷です。

5-4

人間は間柄的存在である

和辻哲郎の倫理学

本書の「取り」にご登場願うのは、**和辻哲郎**です。和辻は、倫理学や日本倫理思想史の研究に絶大な影響をおよぼした哲学者。引用するセンター試験問題も、彼の独自の倫理観にもとづいた人間と社会の関係について問うものです。

問26 和辻哲郎がその著書『倫理学』に示した人間理解の説明として最も適当なものを、次の❶〜❹のうちから一つ選べ。

❶人間は個人的存在であるとともに社会的存在である。ゆえに、倫理とは、社会を否定して個としての自己を自覚することと、その自己を再び否定して、社会のために生きようとすることとの相互運動である。この運動が停滞すると、利己主義や全体

主義に陥る。

❷人間は単なる孤立した個人的存在ではなく社会的存在である。ゆえに、倫理とは、社会に背《そむ》く個としての自己をひたすら否定して、社会に没入し、社会のあり方に従っていく運動である。この運動が失われると、社会的なあり方を軽視した利己主義に陥る。

❸人間は単なる孤立した個人的存在ではなく社会的存在である。ゆえに、倫理とは、個人と社会とを同時に肯定し、個としての自己を保ちつつ社会とのよりよい関係を築いていく運動である。この運動が停滞すると、利己主義や全体主義に陥る。

❹人間は個人的存在であるとともに社会的存在である。ゆえに、倫理とは、社会全体に埋没してしまわない個としての自己を確立し、個人主義を徹底して、同じ個としての他者とのよりよい関係を築いていく運動である。この運動が失われると、個人を抑圧する全体主義に陥る。

（二〇一二年・センター追試験　第3問・問8）

間柄的存在とは何か

前節で紹介した西田幾多郎よりも二〇歳ほど年下の和辻は、若いころは夏目漱石の大ファンで、一時は漱石に師事し文学者を目指していました。哲学研究に本格的に取り組むようになったのは二〇代半ばからです。三六歳のときに、西田に招かれて京都帝国大学で倫理学を担当したのち、東京帝国大学教授に就任。戦後まもない一九五〇年には日本倫理学会を発足させ、初代会長も務めました。

西洋思想や仏教思想、西田哲学などを貪欲に吸収しながら、和辻は独自の倫理学を確立していきます。その中心的な概念が**「間柄的存在」**というものです。

和辻は、自身の倫理学を**「人間の学」**と規定し、それは「人間をその個別性・多数性・総体性に於て把捉《はそく》する学である」（和辻哲郎著、苅部直編『初稿 倫理学』ちくま学芸文庫、七九頁）と説明しています。

この説明からもわかるように、和辻のいう「人間」とは、単に個人だけを表すものではありません。日本語の「人間」は、もともと**人の間、すなわち「世の中」や「世間」という意味**を持っていました。

しかし西洋近代の倫理学は、個人主義的人間観にもとづいて、倫理を個人意識の問題として捉えてしまいます。たとえば「人間は約束を守るべきである」という道徳は、個人の意識の問題として考えるわけです。

和辻は、こうした**「人間＝個人」とする一面的な人間理解を批判し、人間を個人的存在であると同時に社会的存在として捉え**、それを「間柄的存在」と呼びました。

和辻の言葉を見てみましょう。すこし長くなりますが、重要な箇所なので、そのまま引用します。

> 簡単に言えば、我々は日常的に間柄的存在においてあるのである。しかもこの間柄的存在はすでに常識の立場において二つの視点から把捉せられている。一は間柄が個々の人々の「間」「仲」において形成せられるということである。この方面からは、間柄に先立ってそれを形成する個々の成員がなくてはならぬ。他は間柄を作る個々の成員が間柄自身からその成員として限定せられるということである。この方面から見れば、個々の成員に先立ってそれを規定する間柄がなくてはならない。この二つの関係は互いに矛盾する。しかもその矛盾する関係が常識の事実として認められているのである。／我々はかくのごとき矛盾的統一としての「間柄」を捕えてそこから出発する。（和辻

哲郎『倫理学（一）』岩波文庫、八八〜八九頁）

補足します。間柄は、個々人のあいだでつくられるものです。したがって間柄が成立するためには、個々の人間が先立っていなくてはなりません。しかし同時に、個々人は孤立した存在ではなく、なんらかの間柄や人間関係によって規定される存在です。

学校や会社で考えてみましょう。クラスや部署が成立するためには、個々の生徒や社員がいなくてはなりません。でも個々の生徒や社員は、クラスや部署があってはじめて生徒や社員と規定されるわけです。

個人と社会の両方を生かす

では、先の引用の「この二つの関係は互いに矛盾する」「矛盾的統一としての「間柄」」とは、どういうことでしょうか。

間柄的存在である人間は、個人的存在であるとともに社会的存在でもあります。ここで**個人と社会、あるいは個人と全体の関係**を考えてみましょう。

たとえば、規則にがんじがらめになっているクラスや部署では、個人は抑圧されてしま

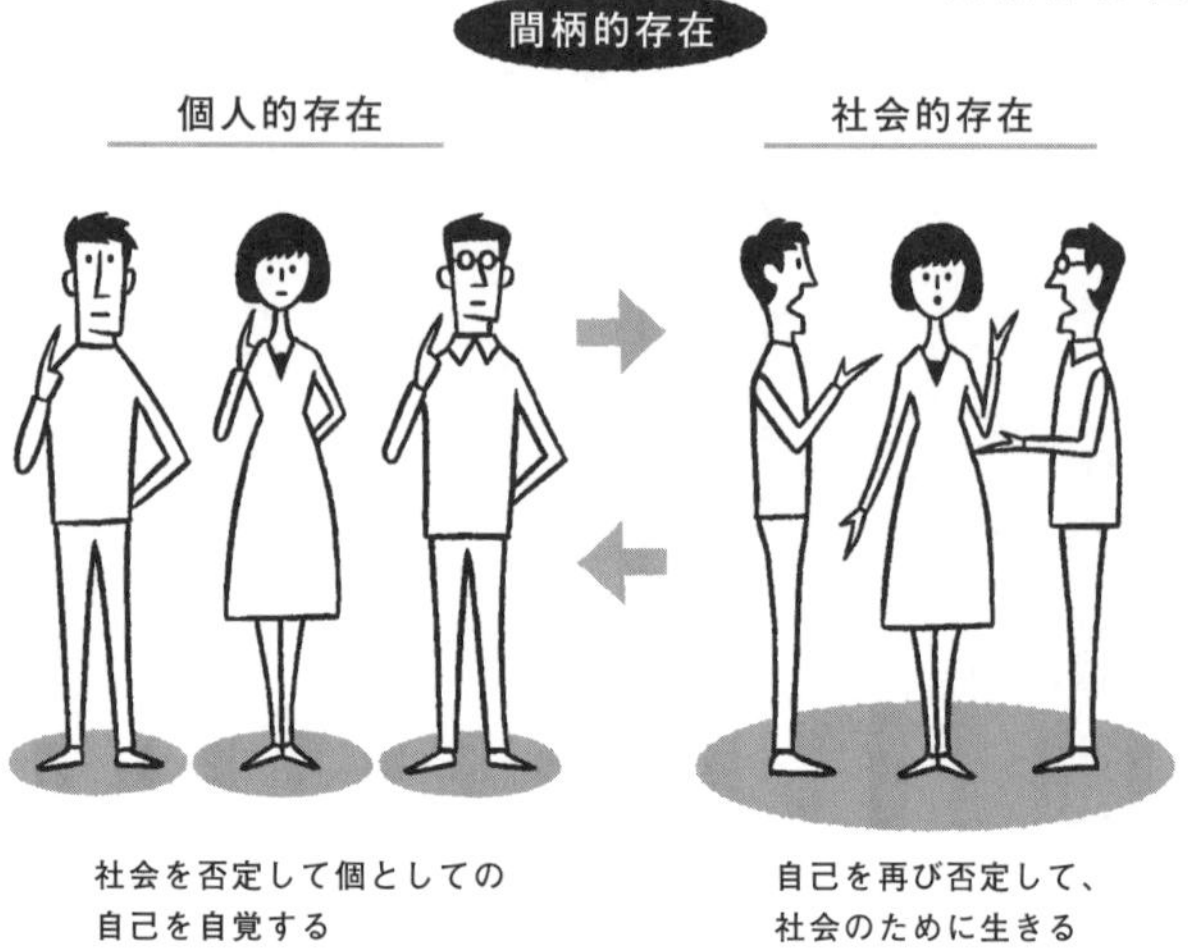

う。それが国家規模になった姿が全体主義です。かといって、個人が好き勝手なことをしていては、集団の秩序が崩壊してしまいます。

このように**個人と社会は、どちらかが強くなるとどちらかが弱くなる。**こうした関係を和辻は**「矛盾」**と表現し、その両方にまたがる「間柄的存在」を**「矛盾的統一」**と捉えているわけです。

とすれば、倫理もまた個人意識の問題だけから考えることはできません。社会や集団には個人を束縛するベクトルがはたらく一方で、個人は社会や集団の矯正や圧力をはねのけて自立しようとする。**この相互作用のなかでバランスをとりな**

がら、個人と社会の両方を生かすありかたが倫理の根本だというのが和辻の考えです。

個人ではなく、間柄を倫理の基礎とする和辻倫理学は、ともすると「日本的」「東洋的」と受け取られがちですが、それは一面的な理解です。実際、和辻の著作を読むと、アリストテレス（前三八四〜前三二二）からハイデガー（一八八九〜一九七六）まで、西洋哲学の議論を批判的に吟味したうえで、自身の倫理学を構築していく構成を見て取ることができます。西田幾多郎がそうだったように、和辻哲郎もまた、**西洋思想と東洋思想の両方を糧としながら、**普遍的な人間や世界の理解を追求したのです。

風土の三類型

その一方で、冒頭でも述べたように、和辻は日本思想史に関しても、『日本倫理思想史』『日本精神史研究』をはじめ、すぐれた著作を数多く残しています。高校倫理の教科書に掲載されている日本思想に関する記述を読むと、和辻の影響は至るところで発見できます。なかでも大きく取り扱われているのが、著書『風土』で論じている和辻の**風土論**です。

『風土』序文では、ドイツの哲学者ハイデガーの『存在と時間』が、風土の問題を考えるきっかけになったと述べられています。『存在と時間』は、時間との関わりで人間存在のあ

	地域	特徴
モンスーン型	南アジア 東南アジア 東アジア沿岸部	夏の暑さと湿気が、自然の恵みとともに暴威をもたらすため、自然に対する受容的・忍従的態度が育った。
砂漠型	アラビア アフリカ モンゴル	雨が少なく、厳しい自然環境にさらされるため、自然の恵みを奪いあう対抗的・戦闘的態度が育った。
牧場型	ヨーロッパ	夏の乾燥と冬の湿潤を特徴とする穏やかで規則的な自然環境のため、自然に対する支配的な態度が育った。

りかたを追究した本です（『試験に出る哲学』二二四頁を参照）。それを読んだ和辻は、**ハイデガーが空間性を軽視していることに疑問を抱き、風土を主題に据えて、人間の精神について考え始めた**といいます。

和辻の風土論もまた、間柄的存在の議論と深く関係しています。同書では、気候や自然といった風土を体験するのも、「我々であるところの我れ、我れであるところの我々」（和辻哲郎『風土』岩波文庫、一三頁）だといいます。たとえば、同じ寒暖を感じるなかで、私たちは言葉を掛けあうし、自然のありかたが文化にもなにがしか反映する。和辻がいうように、私たちは「『風土』において我々自身を、間柄としての我々自身を、見いだす」（同前、一四頁）のです。

こうした風土の理解にもとづき、和辻は世界の風土を**「モンスーン型」「砂漠型」「牧場型」**と三つに分けて考察しています（表）。

このなかで日本は、高温で湿潤《しつじゅん》なモンスーン型に属します。モンスーン型の地域は、豊かな自然の恵みがある一方で、自然の猛威にもさらされる。こういった地域では、自然に対して**「受容的・忍従的」**な性格が育つと和辻は指摘します。自然の恵みを受け容れながら、台風や大雪のような厳しい自然に対しては耐え忍ぶわけです。

それに対して、西アジアのような砂漠型の地域では、自然はもっぱら大きな脅威をもたらすものなので、人々の生活様式は**「対抗的・戦闘的」**になるといいます。そしてヨーロッパのような牧場型の地域では、自然は穏やかで従順に感じられるため、自然に対して**「支配的」**な生活様式を形成すると指摘されています。

風土から見た日本の国民性とは？

モンスーン地域には、日本だけではなく、東アジア沿海部、東南アジア、南アジアが含まれます。和辻によると、日本はこのなかでも、大雨と大雪が二重に同居するという意味で「モンスーン域中最も特殊な風土を持つ」といい、それを**「熱帯的・寒帯的の二重性格」**(同前、一六二頁)と呼んでいます。

こうした二重性格は、日本の国民性にどのように反映されるのでしょうか。

まず**モンスーン型の受容性という側面では**、日本人は「調子の早い移り変わり」を要求します。いわば、感情や感覚が変化することじたいが常態であり、「感情は変化においてひそかに持久する」（同前、一六三頁）。ただし、規則的に変化するのではなく、台風のように、突発的な激情に転じることもあるというのが和辻の診断です。

忍従性という面では、単に耐え忍ぶのではなく、あきらめと反抗が入り混じった「気短に辛抱《しんぼう》する忍従」（同前、一六四頁）と評しています。

和辻の要約的な表現を見てみましょう。

そこで日本の人間の特殊な存在の仕方は、豊かに流露する感情が変化においてひそかに持久しつつその持久的変化の各瞬間に突発性を含むこと、及びこの活発なる感情が反抗においてあきらめに沈み、突発的な昂揚《こうよう》の裏に俄然《がぜん》たるあきらめの静かさを蔵すること、において規定せられる。それはしめやかな激情、戦闘的な恬淡である。これが日本の国民的性格にほかならない。（同前、一六六頁）

回りくどい言いかたですが、これは、**時々において熱しやすく醒《さ》めやすい、あるいは熱**

しやすくあきらめやすいのが、風土から見た日本の国民性といえそうです。

ただし、誤解のないようにいっておくと、和辻は、風土だけから日本的な性格を論じているわけではありません。一つだけ重要な指摘をしておくと、論文「日本精神」のなかで彼は、**さまざまな外来文化を受け容れながら、新旧の文化を共存させてきた点**に、日本文化の特色を見いだし、それを**「日本文化の重層性」**と呼んでいます。

八百万の神々を併存させてきたカミ信仰や神仏習合、日本的な儒教の受容を見ても、和辻の指摘には説得力があります。そしてまた和辻自身も、新旧の哲学・思想を受容し咀嚼しながら、重層的な倫理学を構築したといえるでしょう。

解答と解説

本節を読めば、解答は容易でしょう。和辻は、個人と社会の相互作用のなかで生きる人間を「間柄的存在」と呼びました。したがって❶が正解です。❷は「社会に背く個としての自己をひたすら否定して」が誤り。❸は「人間は単なる孤立した個人的存在ではなく」と、個人的存在でもある点を否定している点が誤り。❹は「個人主義を徹底して」が誤りです。

ブックガイド

前著同様、できるだけ挫折率の低い「入門書」に絞って選んでみた。このなかの一冊でもいいので、ピンと来たものを、本書の次に読んでみてほしい。

●東洋思想・東洋哲学

『**哲学するタネ——高校倫理が教える70章 東洋思想編**』（石浦昌之、明月堂書店）は、高校倫理から東洋思想に入門するという、本書と同様のコンセプトで書かれた一冊。日本思想パートがとても充実している。『**人工知能のための哲学塾 東洋哲学篇**』（三宅陽一郎、ビー・エヌ・エヌ新社）は、東洋哲学を手がかりに、人間的なAI開発を探求する。解脱した状態にある人工知能に煩悩を持たせたい、という発想がユニークだ。東洋思想という括りではないが、現在刊行中の『**世界哲学史**』**シリーズ**（全八巻、ちくま新書）は、地域間の思想交流も含めて、インド、東アジア、イスラームの哲学・思想も幅広く扱っている。

●古代インド思想（第I章）

最初の一冊としては『**古代インドの思想——自然・文明・宗教**』（山下博司、ちくま新書）がおすすめだ。ウパニシャッド哲学や仏教が、どういった自然環境や社会環境を下地として誕生したのかがよくわかる。**『はじめてのインド哲学』**（立川武蔵、講談社現代新書）は、梵我一如を軸としたインド精神史を平易な言葉で解説。ウパニシャッド以降のインド哲学への入門に最適だ。**『インドの思想』**（川崎信定、ちくま学芸文庫）は、放送大学の講義テキスト。インド二大叙事詩『マハーバーラタ』『ラーマーヤナ』にそれぞれ一章を費やしているのがうれしい。

ウパニシャッド哲学では、絶版ながら**『古代インドの神秘思想――初期ウパニシャッドの世界』**（服部正明、講談社学術文庫）が抜群の読みやすさ。高校倫理では（そして本書でも）ほとんどスルーしているヒンドゥー教は、**『ヒンドゥー教――インドの聖と俗』**（森本達雄、中公新書）と**『ヒンドゥー教――インドという〈謎〉』**（山下博司、講談社選書メチエ）が名ガイド役となってくれる。

ブッダの紹介書は数多くあるが、初期経典を清明な文章で要約しながら、ブッダの出家から入滅までを綴った**『仏教百話』**（増谷文雄、ちくま文庫）が名著。東洋思想研究の碩学《せきがく》による**『ブッダ伝――生涯と思想』**（中村元、角川ソフィア文庫）も定番の一冊。ちなみに初期経典に関しては**『日本「再仏教化」宣言！』**（佐藤哲朗、サンガ）の第十一章「パーリ三蔵読破への道」が簡便な解説とともに、ブックガイドもあって有益だ。

大乗仏教については、講師と青年の対話調で書かれた**『大乗仏教――ブッダの教えはどこへ向かうのか』**（佐々木閑、NHK出版新書）が入門にうってつけ。大乗仏教の成立過程から、般若経、法華経、浄土教、華厳経など、代表的な大乗経典のあらましを知ることができる。

龍樹は、『中論』の現代語訳も収録されている『**龍樹**』（中村元、講談社学術文庫）が定番。約一三〇頁ほどで龍樹のエッセンスを伝える『**龍樹——あるように見えても「空」という**』（石飛道子、佼成出版社）も好著。龍樹に対する著者の思い入れの強さが心地いい。難解で知られる唯識は、『**唯識入門**』（多川俊映、春秋社）がとっつきやすい。

●**中国思想**（第Ⅱ章）

中国思想の通史としては、『**中国思想史（上・下）**』（森三樹三郎、レグルス文庫）がなんといっても読みやすい。少々値は張るけれど、『**中国思想史**』（アンヌ・チャン、志野好伸・中島隆博・廣瀬玲子訳、知泉書館）は、原典からの豊富な引用とともに、中国思想史を読み解く面白さを堪能させてくれる快著。初学者でも決して難しくはない。

孔子伝や『論語』の翻訳、解説書は数えきれないほど刊行されている。オーソドックスな入門書として『**ビギナーズ・クラシックス 中国の古典 論語**』（加地伸行、角川ソフィア文庫）、『**論語——現代に生きる中国の知恵**』（貝塚茂樹、講談社現代新書）の二冊を挙げておこう。翻訳は、複数のものを読み比べてみると面白い。

『老子』『荘子』の訳本や解説書も多種多彩だ。『**入門 老荘思想**』（湯浅邦弘、ちくま新書）は、最新の出土資料にも目配りしながら、老子、荘子それぞれの思想や後世への影響など、多角的に紹介している。『**荘子——古代中国の実存主義**』（福永光司、中公新書）は、文学者ならではの荘子論。序説からしてただならぬ熱量を発している。『**荘子**』——**鶏となって時を告げよ**』（中島隆博、岩波書店）は、古今東西の荘子解釈を吟味しながら、荘子を「物化」の思想として捉える挑戦的な読解を展開している。

孟子は『**孟子**』（金谷治、岩波新書）、荀子は『**ビギナーズ・クラシックス 中国の古典 荀子**』（湯浅邦弘、角川ソフィア文庫）から入門して、原典に進もう。朱子学と陽明学は、『**朱子学入門**』（垣内景子、ミネルヴァ書房）の嚙み砕く説明が出色。陽明学についての解説もある。一九六七年刊の『**朱子学と陽明学**』（島田虔次、岩波新書）と二〇〇三年の放送大学テキストを文庫化した『**朱子学と陽明学**』（小島毅、ちくま学芸文庫）が新旧の定番入門書。

●日本思想（第Ⅲ～Ⅴ章）

『**日本思想史への道案内**』（苅部直、NTT出版）は、和辻哲郎と丸山真男の解釈をガイド役として、日本思想史のツボを的確に整理。巻末の読書案内も参考になる。『**日本倫理思想史 増補改訂版**』（佐藤正英、東京大学出版会）、『**日本思想全史**』（清水正之、ちくま新書）はどちらも歯ごたえ十分。宗教に絞った通史としては『**日本宗教史**』（末木文美士、岩波新書）が入門書として最適。精神の〈古層〉を本質ではなく、形成史として見る視点から学べることは多い。

古代中世の神信仰や神道については、『**「かみ」は出会って発展する——神道ではない日本の「かみ」史 古代中世編**』（加藤みち子、北樹出版）がとにかく平易で読みやすい。これを読んでから、『**神道とは何か——神と仏の日本史**』（伊藤聡、中公新書）、『**神道の逆襲**』（菅野覚明、講談社現代新書）、『**神と**

仏の出逢う国』（鎌田東二、角川選書）といった定評のある入門書に進むと理解が深まる。

日本仏教史、あるいは日本を軸にした仏教史では、中高生向けに書かれた『**仏教入門**』（松尾剛次、岩波ジュニア新書）から入れば挫折率は低い。ブッダから近世以降の日本仏教まで、名講義のような筆致でテンポよく読める。そこから『**日本仏教史――思想史としてのアプローチ**』（末木文美士、新潮文庫）、『**わかる仏教史**』（宮元啓一、角川ソフィア文庫）へと進んでいこう。『**日本の仏教思想――原文で読む仏教入門**』（頼住光子、北樹出版）は、原典・経典の重要な一節をまじえながら、仏教思想の流れを解説した隠れた名著。小林秀雄賞を受賞した『**超越と実存――「無常」をめぐる仏教史**』（南直哉、新潮社）は、形而上学化という観点から仏教史を読み解いた、知的刺激に満ちた一冊。

最澄は『**日本人のこころの言葉　最澄**』（多田孝正、木内堯大、創元社）が、最澄の言葉を紹介しながら、その生涯と思想を平易な言葉で解説している。難解で知られる空海の思想は、『**空海に学ぶ仏教入門**』（吉村均、ちくま新書）がダントツの読みやすさ。空海の著作を読み解きながら、仏教入門も果たせるという贅沢《ぜいたく》な一冊だ。少々手強いが『**空海――生涯と思想**』（宮坂宥勝、ちくま学芸文庫）も、空海研究の第一人者による定番の入門書。これらを読んでから、角川ソフィア文庫から出ている各著作の「ビギナーズ　日本の思想」シリーズに手を伸ばすといい。

法然と親鸞の解説書も多数あるが、そこに一遍も加えて三者の思想を比較した『**法然親鸞一遍**』（釈徹宗、新潮新書）、法然の革命性を説得的に語る『**法然の衝撃――日本仏教のラディカル**』（阿満利麿、ちくま学芸文庫）、親鸞の実像をとことん追究する『**人と思想8　親鸞**』（古田武彦、清水書院）が僕の推しだ。

道元は、『**道元入門**』（角田泰隆、角川ソフィア文庫）がバランスよく紹介している。また、中国に始まる禅の思想史については、『**禅思想史講義**』（小川隆、春秋社）が名著。『正法眼蔵』の入門書としては『**正法眼蔵入門**』（頼住光子、角川ソフィア文庫）、『**『正法眼蔵』を読む――存在するとはどういうことか**』（南直哉、講談社選書メチエ）などがある。「修証」の解釈は、後者から多くを教えられたことを付記しておく。

江戸の思想全般については、『**江戸の思想史――人物・方法・連環**』（田尻祐一郎、中公新書）、『**神道・儒教・仏教――江戸思想史のなかの三教**』（森和也、ちくま新書）、『**日本政治思想史――十七〜十九世紀**』（渡辺浩、東京大学出版会）で、近世思想の大きな見取り図を学んでおこう。

伊藤仁斎、荻生徂徠は、『**日本の名著13 伊藤仁斎**』（貝塚茂樹編、中公バックス）、『**日本の名著16 荻生徂徠**』（尾藤正英編、中公バックス）が手頃な入門書だが、残念ながら絶版。古学研究の第一人者による『**仁斎論語――『論語古義』現代語訳と評釈（上・下）**』（子安宣邦、ぺりかん社）、『**徂徠学講義――『弁名』を読む**』（子安宣邦、岩波書店）が、現在新刊で入手できる数少ない入門テキストだ。徂徠を描いた歴史小説『**知の巨人――荻生徂徠伝**』（佐藤雅美、角川文庫）から入門する手もある。

国学では、『**本居宣長――文学と思想の巨人**』（田中康二、中公新書）、『**平田篤胤――交響する死者・生者・神々**』（吉田麻子、平凡社新書）がそれぞれ偏《かたよ》りのない視点で、宣長、篤胤の全体像を描いている。宣長の著作では『**本居宣長「うひ山ぶみ」**』（白石良男全訳注、講談社学術文庫）が読みやすい。

石田梅岩、安藤昌益も、『**日本の名著18　富永仲基・石田梅岩**』（加藤周一編、中公バックス）、『**日本の名著19　安藤昌益**』（野口武彦編、中公バックス）が絶好の入門書なのに絶版。梅岩については、『**石田梅岩『都鄙問答』**』（城島明彦訳、致知出版社）が新刊で入手できる。

水戸学や会沢正志斎は、手軽な入門書がほとんどない。会沢正志斎の『新論』は、『**日本思想大系53　水戸学**』（今井宇三郎、瀬谷義彦、尾藤正英校注、岩波書店）で読むことができる。同書巻末の「水戸学の背景」「水戸学における儒教の受容」「水戸学の特質」を一読すると、水戸学の全体像が把握しやすい。吉田松陰は、時代によって評価がまったく異なるため、解説書を読む際には注意が必要だ。その点で、複数の松陰像を考察した『**吉田松陰——変転する人物像**』（田中彰、中公新書）が参考になる。

近代日本思想の最初の一冊としては『**近代日本思想案内**』（鹿野政直、岩波文庫〔別冊14〕）がベスト。幕末から戦後まで、広範囲なテーマにわたって思想の流れをわかりやすく解説している。本書では手薄になってしまったナショナリズム方面では『**ナショナリズム——名著でたどる日本思想入門**』（浅羽通明、ちくま新書）が格好の地図を与えてくれる。

福沢諭吉については、丸山真男の『**「文明論之概略」を読む（上・下）**』（岩波新書）、『**福沢諭吉の哲学——他六篇**』（松沢弘陽編、岩波文庫）で読みの深さを味わおう。夏目漱石の解説書は、文芸批評も含めれば無数にある。本書との関連では『**漱石のこころ——その哲学と文学**』（赤木昭夫、岩波新書）、『**漱石と日本の近代（上・下）**』（石原千秋、新潮選書）が読みやすい。

とにかく難解な西田幾多郎は、注釈や解説が懇切丁寧な**『善の研究』**(小坂国継全注釈、講談社学術文庫)をまず読んでみよう。そこから**『西田幾多郎の思想』**(小坂国継、講談社学術文庫)、**『西田幾多郎――言語、貨幣、時計の成立の謎へ』**(永井均、角川ソフィア文庫)などの解説書に進むほうがいい。

和辻哲郎の多岐にわたる研究を見るには、**『和辻哲郎――人格から間柄へ』**(宮川敬之、講談社学術文庫)が最適。巻末には詳細な読書案内も付いている。原典への入り口としては、西田の『善の研究』と和辻の『人間の学としての倫理学』を徹底解説しながら精読する**『〈日本哲学〉入門講義――西田幾多郎と和辻哲郎』**(仲正昌樹、作品社)がいい。後は関心に応じて、各著作に手を伸ばそう。とくに**『日本倫理思想史』全四巻**(和辻哲郎、岩波文庫)は、日本思想史の金字塔的な著作。ぜひチャレンジしてみてほしい。

あとがき

まず、本書のタイトルについて触れておきたい。『もっと試験に出る哲学』の「もっと」は、「もっと試験に出る哲学を読んでほしい」という著者の願望を込めたタイトルであって、出題率が高いという意味ではないことをご承知おきたい。

加えて、前著を刊行した後、少なからぬ方から東洋思想編や日本思想編の続刊を待望する感想をいただいた。その意味では「もっと試験に出る哲学を読みたい」という読者のリクエストがあったことも、このタイトルには含意されている。

それにしても、自分が東洋思想の入門（の入門）書を書くなど、一〇年前には思ってもみなかった。大学の哲学科で西洋哲学を学んだこともあって、社会人になってからも東洋思想にはあまり触手がのびなかったからだ。

自分の食わず嫌いの一因には、「はじめに」で書いたような入門書事情も関係していたように思う。仏教、孔子や孟子、老荘思想など個別の入門書や解説書はたくさん出ていたけれど、その多くは、人生論や仕事論、自己啓発という文脈で語られていた。どうもそういった方面にはあまり関心が向かなかった。あるいはいまも時々目にする「西洋の二元論を超える東洋的な叡智」という、西洋哲学がデカルトで止まっているような物言いにも懐疑的だった。だって、その物言いじたいが、すでに二分法を使っているのだから。

東洋思想の面白さに気づいたのは、ここ五、六年のことだ。インド思想史や仏教史、中国思想史に分け入ってみれば、西洋哲学と同じように、火花を散らすような概念の解釈合戦もあるし、存在論や認識論、倫理学として読んでも興味が尽きない。日本を見ても、江戸思想のなんと豊穣《ほうじょう》なこと。伊藤仁斎や荻生徂徠は、当時の東アジアのイデオロギーとなっていた朱子学を学問的に批判し、その方法論が本居宣長らの国学を準備していく。

こういったことを学び知り、東洋の諸思想には、人生論でも西洋近代の超克でもない、学問としての魅力が詰まっていることに遅ればせながら気づいた次第だ。

そして驚くべきことに、高校倫理という科目には、それらがぎゅっと凝縮されている。これを暗記科目としてだけ捉えるのはあまりにももったいない。前著の繰り返しになってしまうが、出題者の工夫が詰まったセンター倫理の問題は、「大学合格のため」という意識を外せば、哲学・思想に入門するうえで、格好のガイド役になってくれるのだ。

＊

紙数の都合もあって、今回取りあげることのできなかった思想家は多い。とりわけ近代日本思想のパートが四人というのは、高校倫理で解説される思想家に比べてあまりにも少ない。その罪滅ぼしというわけではないけれど、前著も含めて未収録の思想家については、「時々試験に出る哲学」とでも称して、書き継いでいきたいと思っている。また、巻末のブックガイドもぜひ活用してほしい。

前著同様、今回も編集は大場旦さんが担当してくれた。理解しづらい解説の指摘や加筆のリクエスト、キャッチーな小見出しの提案など、本書を楽しい読み物にするアイデアをたくさん出していただいた。心から感謝したい。また、本書のゲラを読んで貴重な助言や指摘をくださった、富増章成さん、佐藤哲朗さん、下嵜好治さん、前著同様、理解を助けるすばらしいイラストを描いてくださった平田利之さんにもお礼を申し上げたい。

二〇二〇年四月　コロナ禍の最中で　斎藤哲也

斎藤哲也 さいとう・てつや
1971年生まれ。ライター・編集者。東京大学哲学科卒業。
人文思想系を中心に、知の橋渡しとなる書籍の
編集・構成を数多く手がける。
著書に『試験に出る哲学——「センター試験」で西洋思想に入門する』
(NHK出版新書)、『読解 評論文キーワード』(筑摩書房)など。
編集・監修に『哲学用語図鑑』
『続・哲学用語図鑑——中国・日本・英米(分析哲学)編』
(田中正人著、プレジデント社)、
『現代思想入門』(仲正昌樹ほか著、PHP研究所)など。
「文化系トークラジオLife」(TBSラジオ)サブパーソナリティーとして活躍中。

NHK出版新書 622

もっと試験に出る哲学
「入試問題」で東洋思想に入門する

2020年5月5日 第1刷発行

著者 斎藤哲也
発行者 森永公紀
発行所 NHK出版
〒150-8081 東京都渋谷区宇田川町41-1
電話 (0570) 002-247 (編集) (0570) 000-321(注文)
http://www.nhk-book.co.jp (ホームページ)
振替 00110-1-49701

ブックデザイン albireo
印刷 壮光舎印刷・近代美術
製本 二葉製本

Printed in Japan ISBN978-4-14-088622-9 C0210

NHK出版新書好評既刊

移動革命
MaaS、CASEはいかに巨大市場を生み出すか

三菱総合研究所［編著］

EV・自動運転・配車アプリ・シェアリング……。「移動」をめぐっていま起こりつつある、100年に1度のパラダイムシフトの実相を解き明かす。

616

もっと試験に出る哲学
「入試問題」で東洋思想に入門する

斎藤哲也

ブッダに道元、西田幾多郎まで。「センター倫理」厳選26問を導きに、インド・中国・日本をまたぐ東洋思想の流れを明快に説く第2弾！

622

2025年のデジタル資本主義
「データの時代」から「プライバシーの時代」へ

田中道昭

GAFAなどの巨大テック企業による富の独占に抗い、世界で高まる個人情報保護の機運。デジタル資本主義が進展する中で、次に覇権を握る者とは？

623

今ここを生きる勇気
老・病・死と向き合うための哲学講義

岸見一郎

幸福に「なる」のではなく、「今」が幸福で「ある」。それが、人生の答えだ——。ベストセラー『嫌われる勇気』の著者による、はじめての講義型新書！

624